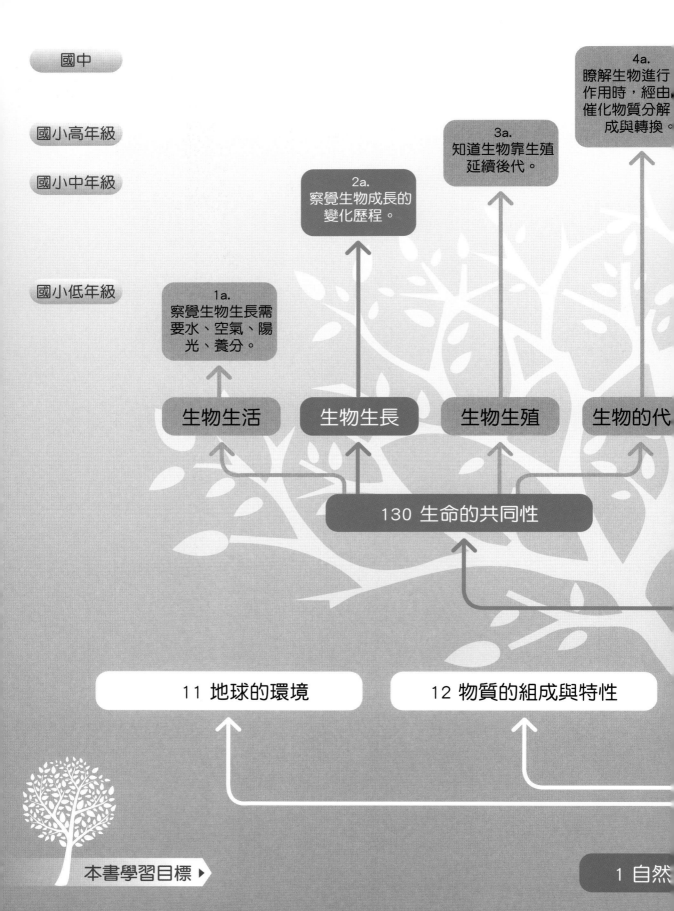

國中

4a.
瞭解生物進行□□□
作用時，經由□□□
催化物質分解□□□
成與轉換。

國小高年級

3a.
知道生物靠生殖
延續後代。

國小中年級

2a.
察覺生物成長的
變化歷程。

國小低年級

1a.
察覺生物生長需
要水、空氣、陽
光、養分。

生物生活

生物生長

生物生殖

生物的代□

130 生命的共同性

11 地球的環境

12 物質的組成與特性

本書學習目標 ▶

1 自然

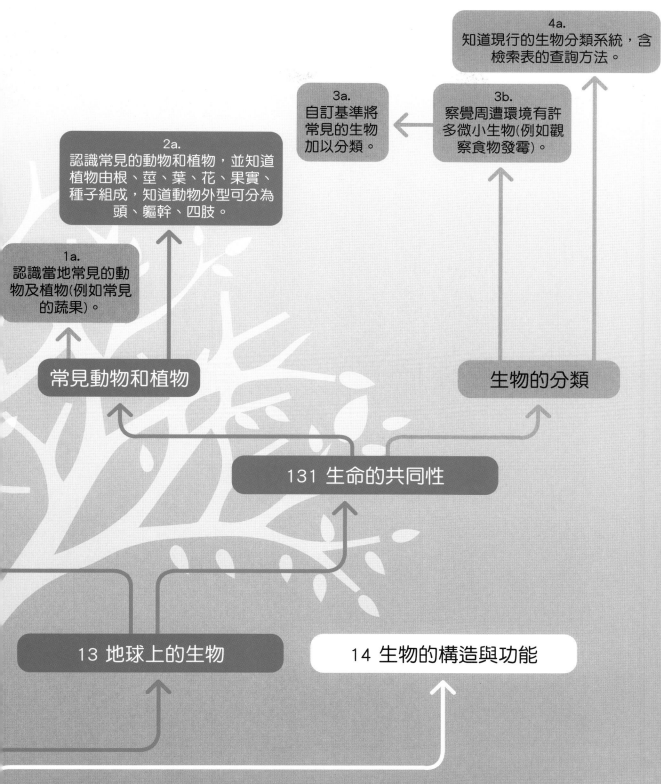

4a.
知道現行的生物分類系統,含檢索表的查詢方法。

3a.
自訂基準將常見的生物加以分類。

3b.
察覺周遭環境有許多微小生物(例如觀察食物發霉)。

2a.
認識常見的動物和植物,並知道植物由根、莖、葉、花、果實、種子組成,知道動物外型可分為頭、軀幹、四肢。

1a.
認識當地常見的動物及植物(例如常見的蔬果)。

常見動物和植物

生物的分類

131 生命的共同性

13 地球上的生物

14 生物的構造與功能

與特性

學習小樹

自然

頑皮動物 的 奇妙世界

第二版

輕鬆閱讀Q&A
快樂學習零負擔

五南圖書出版公司 印行

Foreword 推荐序

生活，真的處處都是我們學習的好場景！即使只是一隻小螞蟻！

在這「學習樹」系列的叢書中，整體架構以樹的概念來編寫，「樹根」、「樹幹」——提供最基礎的知識，紮根之後基礎知識也穩固了，接著依學習年段提供不同的養料，讓孩子們可以向上發展成「樹枝」和「樹葉」，不同形式的表現內容（圖文式、漫畫式、PISA式……等），就如同珍貴的養分，針對樹種的特質（孩子的差異）需求給予適當的補充，在閱讀的過程中，孩子就可以自我學習、自我解惑，也因此增進學習興趣。

相信你的孩子會愛不釋手，而且也是很有意義的科普讀物。

國立臺北教育大學附設實驗小學

陳美卿 老師

2015年 冬

小朋友們大家好！我是小伍！

Hello！我是小嵐喔！

　　在這個發展迅速、全球人文共融的世界中，我們常常有許多的疑問，但卻不知道該去哪裡尋找解答。這套「學習樹」系列，就是希望藉由生活周遭觀察到的人、事、物，以輕鬆閱讀的方式，讓我們知道平常在學校所學到的，其實是可以跟我們的生活密切結合的。你我其實就和「學習樹」系列中的主人翁「小伍」跟「小嵐」一樣，藉由在生活中的提問，而找尋到許許多多除了答案以外更有價值的事物，成為我們的養分，使我們像「樹」一樣漸漸的成長茁壯。

　　親愛的小朋友們，你們是這個世界的未來，我們平日在學校所習得的知識，不僅是為了考試的需求，更該應用在我們的生活中，成為身上帶不走的技能。因此，我們需要開拓我們的視野，看見世界的美好。就讓我們一起進入「學習樹」的有趣故事，跟著「小伍」與「小嵐」，探索奇妙的世界吧！

使用方法

　　「學習樹」叢書是依據十二年國教課程規劃設計，是一本寓教於樂的讀本，強調「分級閱讀・適性學習」。提供孩子「語文、健康與體育、社會、藝術與人文、數學、自然生活與科技」等六大學習領域的延伸讀本；並依據各領域、各科目的不同屬性，以不同方式呈現。

樹的概念

　　每個領域都有各自不同的學習「樹」，在各冊前面都有該冊的「樹」，有「樹根」、「樹幹」，向上發展為「樹枝」和「樹葉」，從而可獲知孩子們在這本書中，可以獲得哪些知識。孩子們的學習歷程就如同學習樹一般逐次向上發展，並依據各年段，由簡而繁，在學習的過程中快樂成長。

分級閱讀・適性學習

　　「學習樹」的各科延伸讀本除了依學年年段、深淺難易分級外，同一主題也會有不同表現形式的讀本，例如：圖文式、漫畫式、圖解式、PISA式、QA式等；可以配合孩童的學習習慣或目的，彈性選用，以激發學習興趣、克服學習難點。

學習樹的特色

「學習樹」除了提供孩子課本以外的學習內容，並搭配課綱輔助，可跟學校課程做結合，更深、更廣的將學校所學得的知識，與生活中的事物做結合，而轉化為自己的能力，絕對是陪伴孩子成長的最佳選擇！

Contents

主題搜尋

哇！好豐富的內容！

我也好想看喔！

魚兒為什麼不用睡覺

我好睏喔！

「這麼晚了，那幾條魚為什麼靠著水底不動，眼睛又睜這麼大，怎麼不去睡個覺呢？」如果觀察水族箱裡的魚，會發現不管時間有多晚，牠們的眼睛都還是睜得又大又亮的，難道魚不用睡覺嗎？還是牠們的精神比人類好？其實，無論什麼動物都需要休息，才有辦法恢復身體的能量，這是動物成長過程中很重要的一部分。

不過因為魚沒有眼瞼，也就是平常說的眼皮，所以不像大部分的動物一樣可以

知識補給站

　　不同的魚睡覺的方式也不一樣，像鸚哥魚的身體會分泌一種膠狀的東西，用來製造泡泡，把整個身體包起來；泡泡碰到水之後會變硬，待在裡面睡覺就不怕遇到攻擊，感覺像是掛著蚊帳睡覺，特別香甜安穩！

眼睛閉起來睡覺；如果發現魚游泳的速度很慢或甚至只在原地飄浮，很可能就是在睡覺！牠們通常沒有固定睡覺的「窩」，游到適合的地方，就會停下來小睡一下喔！

學習小天地

蝙蝠一天的睡覺時間長達20小時，但長頸鹿一天只睡不到2小時！因為蝙蝠大多待在洞穴裡休息，比較不會遇到危險；而長頸鹿生活在草原上，隨時隨地都有危險，所以牠們的睡眠時間短，警戒時間長。

學習目標　動物的構造與功能。
三、四年級 描述陸生及水生動物的形態及其運動方式，並知道水生動物具有適合水中生活的特殊構造。

為什麼

魚能生活在鹹鹹的海水裡？

　　在海裡游泳如果不小心喝到海水，嘴巴馬上會覺得又鹹又苦；要是喝進太多的話，身體就會吸收過量的鹽分，流失更多的水，讓人全身都不舒服。既然海水這麼鹹，海裡面的魚為什麼還能優游自在、完全不怕會吸收過多的鹽分呢？這些海水魚究竟是怎麼辦到的？

　　原來，海水魚都有神奇的能力，身體裡像是裝了一臺獨一無二的淡化機一樣，可以維持體內鹽分跟水分的平衡。牠們用

　　魚對鹽分的適應力，可以分成廣鹽性和狹鹽性：狹鹽性的魚，水的鹽度過高或過低都會死亡；廣鹽性的魚，在淡水跟鹹水中都能生活。常在餐桌上出現的吳郭魚，就是生命力強的廣鹽性魚類最佳代表！

來呼吸的「鰓」就像是一位守門員，盡忠職守地阻擋過多的鹽分進入體內，讓牠們可以把水跟鹽分分開，只吸收足夠的水，卻適當地把過多的鹽分留在身體之外。魚在鹹鹹的海水裡生長，吃起來卻一點也不鹹，就是因為這個關係喔！

學習小天地

海水魚通常比較營養，因為海水中的鹽讓海水魚體內的礦物質、維生素含量高，加上游的範圍廣，所以肉質比較有彈性。但魚類通常都有寄生蟲，煮熟再吃比較好；想吃生魚片，保鮮跟處理的過程一定要非常謹慎。

學習目標 動物的構造與功能。

三、四年級 描述陸生及水生動物的形態及其運動方式，並知道水生動物具有適合水中生活的特殊構造。

魚兒～魚兒鹹水中游！

Why?

鯨魚為什麼要噴水？

哇～爸爸，你看鯨魚在噴水耶！

可是為什麼牠們要噴水啊？

鯨魚也是用肺呼吸，潛水十幾分鐘就得浮出水面換氣；牠們從身體噴出的溫暖氣體，遇到冷空氣會凝結成水滴，看起來就像噴水！

鯨魚常常一分鐘會呼吸5～6次，吸飽後鯨魚就會再潛入海裡了！

哈，我還以為是感冒打噴嚏了！

知識補給站

鯨魚跟人類一樣是哺乳動物，是陸地上的哺乳動物經過演化慢慢適應水中的環境，因而到海中生活。一般來說鯨魚可以活40~90年，目前世界上最巨大的哺乳動物是藍鯨，身體最長可以長到30公尺呢！

學習小天地

鯨魚媽媽通常一次只生一隻鯨魚寶寶，出生之後，寶寶會跟著媽媽一起生活一年左右。鯨魚寶寶也是喝母乳長大的，鯨魚媽媽會把乳汁噴射到寶寶的嘴裡，而小鯨魚會自動將海水跟母乳分開，不會喝進一堆海水喔！

學習目標 動物的構造與功能。

三、四年級 描述陸生及水生動物的形態及其運動方式，並知道水生動物具有適合水中生活的特殊構造。

好羨慕喔！根本就是游泳健將！

比目魚的雙眼天生就長在同一側嗎？

　　「你看！扁扁的比目魚貼在水底，顏色幾乎跟沙子一樣，差點兒找不到牠！」參觀水族館時常會聽到這句話。說到比目魚，相信大家一定知道牠們的眼睛是長在同一邊的；但迪士尼電影《小美人魚》裡，愛麗兒的好朋友「小比目魚」，眼睛為什麼卻長在不同邊呢？

　　其實，比目魚剛出生的時候，眼睛和大多數的魚一樣是分別長在兩邊的，牠們也會在靠近海面的地方游泳、玩樂；慢慢

知識補給站

　　當比目魚躺在海底時，面向上方的那一側通常是棕灰色，跟海底沙子的顏色很接近，是保護色的效果，防止被其他的生物發現、捕食；而眼睛長在同一側，是因為躺在海底的時候另一隻眼睛就不會埋進沙子了。

長大後，牠們的構造出現變化，身體愈長愈扁、眼睛也慢慢地移到同一側生長，牠們不能再用原來的方式游泳，所以只好往下潛，貼著海底生活。因此我們知道，《小美人魚》裡的小比目魚還是小寶寶的階段，等長大一點，牠就不會是這種圓滾滾的可愛模樣嘍！

學習目標 生命的共同性。
三、四年級 察覺生物成長的變化歷程。

珊瑚

是植物還是動物？

欣賞某些介紹海底生物的影片或電影時，常會看見許多奇形怪狀、五顏六色的珊瑚分布在海底；牠們看起來像美麗的裝飾品，也有人覺得像礦物，更有人說應該是海裡的某種植物。小朋友們覺得是什麼呢？其實，珊瑚是動物喔！你們答對了嗎？

世界上的珊瑚種類很多，擁有觸手的小珊瑚蟲們成群結隊地聚在一起生長，以捕捉水中的浮游生物維生，大部分都喜歡

知識補給站

珊瑚生長得很緩慢，每年大約只長高1公分左右，超過50公分高的珊瑚通常都很老了。如果珊瑚遭到破壞，要長回同樣的高度非常困難，所以我們要好好維護海水的乾淨、保護珊瑚，不要讓辛苦長大的牠們被破壞。

在水質乾淨，而且溫暖的海域生活。牠們在死亡、身體腐爛以後，只剩骨骼遺留下來、慢慢累積，就逐漸形成不同形狀的珊瑚；因為有些形狀看起來像樹枝，所以才會常常被人誤以為珊瑚是海裡的一種植物！

學習小天地

每年春天，臺灣南部的海域會有許多珊瑚把成熟的卵子跟精子排放到海中，進行體外受精，但這種方式的風險很大，不小心就會漂走。而珊瑚的形狀很多變，除了樹枝狀，還有桌面狀、片狀、花菜狀、圓管狀等等。

學習目標 動物的構造與功能。
三、四年級 描述陸生及水生動物的形態及其運動方式，並知道水生動物具有適合水中生活的特殊構造。

為什麼蚌殼會長出珍珠？

Why?

小嵐，你看看媽媽的珍珠是不是很美啊？

好美！

媽媽，聽說蚌殼裡會長出珍珠，真的嗎？

真的！沙粒或寄生蟲跑進蚌殼，牠受到刺激，會分泌一種叫珍珠質的東西，把異物包起來，之後就會形成美麗的珍珠。

形成一顆珍珠要多久呢？

不一定耶，但一般來說至少需要2~5年的時間，才會形成一顆比較美麗的珍珠。

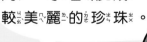

珍珠果然是珍貴的珠子呀！

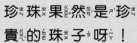

知識補給站

人工養殖珍珠最早開始的國家是中國，但規模最大的是日本。中國主要養殖的是淡水珍珠，產量多，但尺寸通常比較小；日本則是海水珍珠，養殖時間長，每一個蚌只能產出一顆珍珠，所以比較昂貴。

學習小天地

珍珠的顏色是因為它外表那層「珍珠質層」反射光線造成的，大多數的珍珠是白色、米黃或淡粉色，比較特殊的有黃、綠、藍、棕，甚至黑色。除了做成飾品之外，有些珍珠則是被拿來當做保健身體的藥材使用呢！

學習目標 動物的構造與功能。

三、四年級 描述陸生及水生動物的形態及其運動方式，並知道水生動物具有適合水中生活的特殊構造。

哇！好多珍貴的珠子！

為什麼海參
失去「內臟」後還不會死？

　　海參是生活在海底的動物，沒有辦法像魚一樣在水中游來游去，牠們的行動緩慢，靠著扭動身體肌肉來慢慢前進，要是碰到敵人攻擊時該怎麼辦呢？

　　海參們的逃生方法是把自己的長條狀腸子丟出身體外，讓敵人搞不清狀況，牠們就能悄悄的溜走了。丟掉腸子的海參並不擔心會死亡，因為牠們的身體有超強的再生能力，休養一段時間就會長出新的腸子，所以牠們可以靠丟棄內臟來幫自己脫

知識補給站

　　海參的再生能力之所以這麼強大，是因為牠們身體裡的結締組織，那是形成牠們身體器官、維持生理功能的一群細胞；當身體構造受損時，結締組織就會大量投入器官的重建工作，長出新的器官，這就是海參驚人再生能力的由來。

困。不過別忘了人類是沒有這種能力的，所以請一定要好好愛護自己的身體喔！

學習小天地

海參會在夏天進行夏眠喔！進入夏天後，水溫漸漸升高，浮游生物習慣會往海平面聚集，怕熱的海參則不想離溫熱的水面太近，於是牠們會往更深的海底前進，因為如此海參反而離食物愈來愈遠，因為不容易覓食，就只好在夏天睡一覺囉！

學習目標 動物的構造與功能。

三、四年級 描述陸生及水生動物的形態及其運動方式，並知道水生動物具有適合水中生活的特殊構造。

生物對環境刺激的反應與動物行為。

五、六年級 知道環境的變化對動物和植物的影響（例如光、溼度等）。

我投降！

可以從魚鱗看出魚的年紀嗎？

「魚鱗摸起來原來是硬硬滑滑的耶！」魚出生時身上就有鱗片，就像牠們的皮膚一樣，隨著牠們的體型變大，鱗片也愈長愈多，最早長出來的鱗片最小，在最上一層；最下層的鱗片最大，是最新長出來的。

影響鱗片大小的原因，除了新舊差異之外，在溫暖的春夏，魚的生長速度較快，鱗片的面積就比較大；秋天生長速度減慢，鱗片面積也會小一些，到冬天就幾

知識補給站

魚鱗除了具有保護作用，還有其他的用途喔！位在魚肚的鱗片，可以反射光源，讓肉食性魚類不容易看清楚牠們的蹤影；魚鱗也可以減少魚的身體和水的摩擦，降低游泳的阻力；魚鱗還帶有身體分泌的黏液，避免牠們被輕易地抓住。

乎停止生長。隨著氣候的變化，鱗片間的環以上形成寬窄相間的環帶，觀察環帶的數量，就可以了解魚類的年紀了！

學習目標　生命的共同性。

三、四年級 察覺生物成長的變化歷程。

動物的構造與功能。

三、四年級 描述陸生及水生動物的形態及其運動方式，並知道水生動物具有適合水中生活的特殊構造。

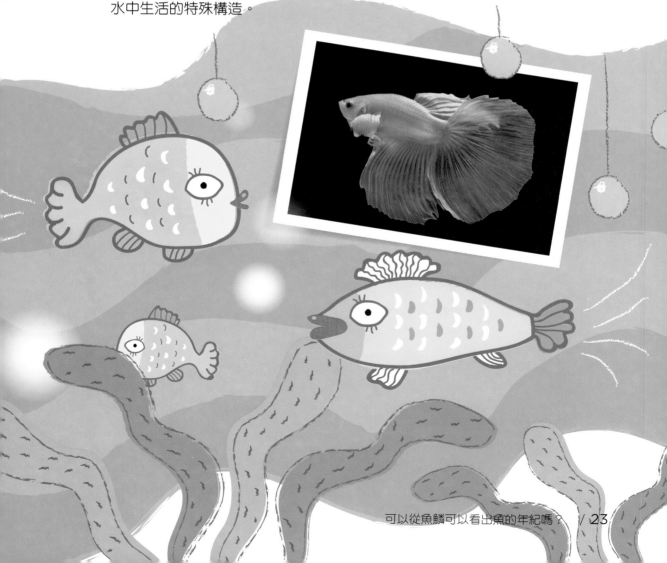

知識補給站

螃蟹是雜食動物，主要吃海藻為生，某些種類的螃蟹也會吃微生物或昆蟲。臺灣招潮蟹是臺灣特有的品種，吃泥沙中的有機生物，牠們翻動泥沙覓食的過程剛好提供紅樹林良好的生長環境，真是一舉兩得。

學習小天地

椰子蟹是一種會爬樹的螃蟹，甚至能爬到樹的頂部覓食呢！牠們大大的鉗子能把椰子堅硬的外殼弄破，然後吃裡面多汁柔軟的果肉，所以被取名為椰子蟹。其他也會吃像木瓜、花生等東西，主要出現在熱帶地區的海岸。

學習目標 動物的構造與功能。
三、四年級 描述陸生及水生動物的形態及其運動方式，並知道水生動物具有適合水中生活的特殊構造。

你還好嗎？

深海真的有海怪嗎？

　　傳說中，挪威深海裡有種海怪叫「克拉肯」。克拉肯不動的時候像一座小島，一動起來就會引起巨大漩渦把船吞掉。牠的樣子是一隻巨型大章魚，孔武有力，八隻觸手可以把船艦一口氣拉進海底。經過多年的調查證明，深海中真的有巨大的頭足類（章魚或烏賊），但是體長最多不超過20公尺，離克拉肯那種體型還差得遠。

　　其實海怪是人類因為對未知的恐懼而幻想出的生物，生活在陸地的人類搭船出

知識補給站

　　海怪的模樣並非空穴來風，許多深海生物總是特別巨大。一隻深海螃蟹可能重達20公斤，海底生物的營養主要來源是從上層海洋掉到海底的生物遺骸，但食物剛好掉落在附近的機會不高，所以海底生物不僅能快速移動到現場，還能一次吃比較多。不過這個說法目前只是猜測，關於深海生物還有太多疑問有待證實。

海，面對多變的大海，幻想可能會撞見奇怪的生物導致生命受到威脅，因此才會容易捕風捉影、產生妄想。

學習目標 生命的共同性。
三、四年級 察覺生物成長的變化歷程。

學習小天地

關於海洋生物的傳說也不全都是可怕的，未知的海底世界也提供我們許多豐富的文學養分。像安徒生童話故事裡，用情至深的人魚公主；《浦島太郎》住的奢華龍王宮；《西遊記》、《封神演義》那法力無邊的四海龍王、蝦兵蟹將；甚至是《木偶奇遇記》裡，小木偶和工匠老爺爺最後相遇的鯨魚肚子。

我是大海怪！

誰是海洋中最傑出的「建築師」?

　　「這個博物館的設計真有特色,用的建材也很講究。」說到建築,大家馬上會想到一些很美的房子,但其實海裡也有喔!那就是珊瑚礁。

　　珊瑚是一種特別的生物,牠們的生命旅程從珊瑚蟲開始,一大群珊瑚蟲聚在一起,分泌出一種稱為碳酸鈣的化學物質,形成一層堅硬的外骨骼,像房子的牆壁一樣;珊瑚死後這個構造不會腐爛分解,於是就留下了一小間珊瑚曾住過的房間,年復一年,許多珊瑚的房間堆疊在一起,就

知識補給站

　　世界上最大珊瑚礁群位於澳洲東北海岸外,名為大堡礁,總長約有2600公里,分布總面積大約有344400平方公里。這麼大的海底城市是由無數個珊瑚蟲的房間累積而成,被視為世界上的偉大自然遺產之一,澳洲政府因此設立了大堡礁海洋公園來保護這片珊瑚們的心血結晶。

形（ㄒㄧㄥˊ）成（ㄔㄥˊ）壯（ㄓㄨㄤˋ）大（ㄉㄚˋ）的（ㄉㄜ˙）珊（ㄕㄢ）瑚（ㄏㄨˊ）礁（ㄐㄧㄠ），所（ㄙㄨㄛˇ）以（ㄧˇ）我（ㄨㄛˇ）們（ㄇㄣ˙）稱（ㄔㄥ）珊（ㄕㄢ）瑚（ㄏㄨˊ）為（ㄨㄟˊ）海（ㄏㄞˇ）洋（ㄧㄤˊ）中（ㄓㄨㄥ）傑（ㄐㄧㄝˊ）出（ㄔㄨ）的（ㄉㄜ˙）建（ㄐㄧㄢˋ）築（ㄓㄨˊ）師（ㄕ）。

學習目標

生命的共同性。

三、四年級 察覺生物成長的變化歷程。

生命的多樣性。

三、四年級 認識常見的動物和植物，並知道植物由根、莖、葉、花、果實、種子組成，知道動物外型可分為頭、軀幹、四肢。

學習小天地

希臘哲學家柏拉圖的著作中，曾提到一座文明高度發展的大陸「亞特蘭提斯」，後來不幸遭大洪水毀滅，沉入了海底。關於這座可能沉入海底的神祕城市，多數的歷史學家認為它是個無法考據的神話傳說，也有部分的人相信它是真正存在的；究竟真相為何，只有等待未來科學家們努力找出答案囉！

哇！好美

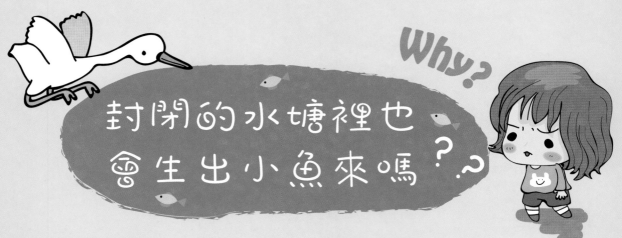

Why?

封閉的水塘裡也會生出小魚來嗎？

咦～！

媽，這裡面有魚耶，難道池塘自己會生小魚嗎？

不是喔！有些魚的卵有黏性，會黏在水鳥的腳上，跟著水鳥飛到下個池塘，小魚就在新的池塘裡孵化。

還有其他方法嗎？

大雨會產生新的水道，魚兒會利用這些水道到新的地方產卵。

我還以為池塘會生小魚呢！

鯉魚是雜食性，對環境的適應力強，魚卵有黏性，可以作為觀賞魚；有些人特別以人工飼養，這樣的特性讓牠們成功地擴張生活範圍，原本生長在歐亞大陸的牠們，如今在世界各地都看的到。

學習小天地

魚的種類非常多，各種稀奇古怪的魚都有，而且魚是人們生活中非常重要的資源，除了可以觀賞以外，也有很多魚是可以食用的，像是我們常吃的鮭魚、鮪魚等，都是很好吃的魚。而且魚的營養價值很高，多吃魚會變得更聰明，所以小朋友要多吃點魚喔！

學習目標 動物的構造與功能。

三、四年級 描述陸生及水生動物的形態及其運動方式，並知道水生動物具有適合水中生活的特殊構造。

哇！好漂亮喔！

什麼魚背顏色深，魚肚顏色淺？

知識補給站

　　魚背為深色，魚肚為淺色，這樣的保護色雖然適用於多數不會離水面太遠的魚類，但在海洋中還有很多不同的情況喔！像是跟珊瑚礁共生的小丑魚，牠們身上就是鮮豔亮眼的色彩，穿梭在五彩繽紛的珊瑚礁之中，剛好就不容易被敵人發現囉！

魚類的顏色五花八門，但大部分的魚身體的顏色都是背部偏深色，而愈接近魚肚則顏色愈淺，為什麼有這樣的趨勢呢？

站在深一點的池塘或湖泊旁觀察，由於太陽光從背後照過來，眼前的水看起來顏色深沉，因此魚背如果是深色，在水面上就不容易被鳥類發現；相反的，從水裡往上看的時候，由於太陽光從自己的面前照過來，眼前的水看起來會是一片亮白色，淺色的魚肚能避免被獵食性的魚類發現。總而言之，魚背跟魚肚的顏色都是魚類們的安全保護色喔！

學習目標 動物的構造與功能。
三、四年級 描述陸生及水生動物的形態及其運動方式，並知道水生動物具有適合水中生活的特殊構造。

海星要怎麼吃東西？

「海星怎麼看起來都待在同一個地方不動啊？牠會吃東西嗎？」海底的海星懶懶地躺在珊瑚礁上，牠們到底是吃水草還是浮游生物呢？其實海星是肉食性動物，牠不像大白鯊一樣可以凶猛的追逐獵物，但可以用身上布滿吸盤的腳，慢慢地黏住對手，然後整個環抱住。

當海星抓住獵物後，會把胃從身體下方的嘴巴直接吐到獵物的身上，分泌消化液會把獵物溶解，之後再送進身體裡另一個吸收營養的胃；這樣特別的進食方式，

知識補給站

海星身體下方有好幾條水管系統，每一條水管都長著一團管足，管足可以吸水或噴水，海星便是靠著管足噴水來移動身體；管足的末端還有吸盤可以固定身體，或是在捕捉獵物時黏附在對手身上。所以海星並不是不會動，只是動得速度比較慢。

稱（ㄔㄥ）為（ㄨㄟˋ）「體（ㄊㄧˇ）外（ㄨㄞˋ）消（ㄒㄧㄠ）化（ㄏㄨㄚˋ）」。
海（ㄏㄞˇ）星（ㄒㄧㄥ）最（ㄗㄨㄟˋ）厲（ㄌㄧˋ）害（ㄏㄞˋ）的（ㄉㄜˋ）是（ㄕˋ），
就（ㄐㄧㄡˋ）連（ㄌㄧㄢˊ）有（ㄧㄡˇ）時（ㄕˊ）碰（ㄆㄥˋ）上（ㄕㄤ）緊（ㄐㄧㄣˇ）閉（ㄅㄧˋ）
的（ㄉㄜˋ）貝（ㄅㄟˋ）殼（ㄎㄜˊ），牠（ㄊㄚ）們（ㄇㄣ）還（ㄏㄞˊ）可（ㄎㄜˇ）
以（ㄧˇ）用（ㄩㄥˋ）吸（ㄒㄧ）盤（ㄆㄢˊ）把（ㄅㄚˇ）貝（ㄅㄟˋ）殼（ㄎㄜˊ）兩（ㄌㄧㄤˇ）
側（ㄘㄜˋ）拉（ㄌㄚ）開（ㄎㄞ），然（ㄖㄢˊ）後（ㄏㄡˋ）飽（ㄅㄠˇ）餐（ㄘㄢ）
一（ㄧ）頓（ㄉㄨㄣˋ）呢（ㄋㄜ）！

學習目標　動物的構造與功能。

三、四年級 描述陸生及水生動物的形態及其運動方式，並知道水生動物具有適合
水中生活的特殊構造。

生物對環境刺激的反應與動物行為。

五、六年級 知道環境的變化對動物和植物的影響（例如光、溼度等）。

Why?

海裡有熱血的魚兒嗎？

爸，魚都在水裡游，那魚都是冷血的嗎？

不是的，像金槍魚體溫就高達約攝氏34度，幾乎跟人類一樣。

為什麼牠們體溫這麼高呢？

牠們游得很快，夜晚也不休息，這麼大的活動量，體溫便升高了！

哇，那牠們可以游多快呢？

牠們最快可以游到每小時160公里。

金槍魚就是鮪魚，是相當受歡迎的食用魚，因為運動量大，身體有大量的肌紅蛋白，所以鮪魚生魚片看起來是紅色的。但也因人類大量捕食，有些鮪魚已面臨絕種，為了保障鮪魚生存權益，我們要懂得節制，才是生物共處的長久方法。

學習目標 動物的構造與功能。
三、四年級 描述陸生及水生動物的形態及其運動方式，並知道水生動物具有適合水中生活的特殊構造。

學習小天地

金槍魚也是恆溫動物喔！為了維持體溫，牠們的動脈和靜脈是相鄰的，血液溫度就可以互相傳遞；這樣的構造也出現在一些極地動物像企鵝的身上，有助於牠們適應低溫的生存環境。

體溫那麼高，都熟了。

深海裡的生物 吃什麼東西呢？

　　過去科學家認為，在陽光照不到的深層海洋裡沒有生物，因為植物無法在黑暗的地方生長，所以太深的海裡不可能會有生物；不過科學發展到今天，我們知道即使在水面下一萬多公尺的地方，還是有魚類生活。

　　在連植物都無法生長的地方，動物們要靠什麼食物維持生命呢？深海生物的食物來源分為兩種，一種是海底的溫泉地熱出口，這類地方的生物，可以用地球內部

知識補給站

　　目前世界上最深的地方，是在太平洋裡的馬里亞納海溝，深度約在海平面下一萬零九千公尺，這個深度比海平面以上八千多公尺的聖母峰還要高。科學家們曾坐進堅固的潛水艇，下潛至海溝底部，發現深海海底仍有不少生物存在。

的能量來製造出有機的營養物質；另一種則是以海面沉積下來的浮游生物為食，不過這通常要好幾週的時間才能由上層海域到達海底，可見海底的生物們要覓食不是這麼容易的！

學習小天地

　　有些深海魚類的身體會像薄片一樣，由於長期生活在深海的強大水壓之下，使得牠們的骨骼變得更細、肌肉更有韌性、外皮只有薄薄的一層，水分通透性變得更好，這樣體內外的壓力更容易平衡，不至於被水壓擠扁。人類需靠潛水艇才能下潛到一樣的深度，但深海的魚類卻是以自己的身體來支撐同樣的水壓喔！

學習目標　生命的共同性。

三、四年級 察覺生物成長的變化歷程。

生命的多樣性。

三、四年級 認識常見的動物和植物，並知道植物由根、莖、葉、花、果實、種子組成，知道動物外型可分為頭、軀幹、四肢。

好餓喔！

鱟（ㄏㄡˋ）的血液
為什麼是藍色的？

「天（ㄊㄧㄢ）啊（ㄚ），鱟（ㄏㄡˋ）是（ㄕˋ）外（ㄨㄞˋ）星（ㄒㄧㄥ）動（ㄉㄨㄥˋ）物（ㄨˋ）嗎（ㄇㄚˊ）？ 怎（ㄗㄣˇ）麼（ㄇㄜ˙）血（ㄒㄧㄝˇ）是（ㄕˋ）藍（ㄌㄢˊ）色（ㄙㄜˋ）的（ㄉㄜ˙）？」通（ㄊㄨㄥ）常（ㄔㄤˊ）動（ㄉㄨㄥˋ）物（ㄨˋ）的（ㄉㄜ˙）血（ㄒㄧㄝˇ）液（ㄧㄝˋ）是（ㄕˋ）紅（ㄏㄨㄥˊ）色（ㄙㄜˋ），因（ㄧㄣ）為（ㄨㄟˋ）血（ㄒㄧㄝˇ）球（ㄑㄧㄡˊ）中（ㄓㄨㄥ）含（ㄏㄢˊ）有（ㄧㄡˇ）鐵（ㄊㄧㄝˇ），鐵（ㄊㄧㄝˇ）可（ㄎㄜˇ）跟（ㄍㄣ）氧（ㄧㄤˇ）結（ㄐㄧㄝˊ）合（ㄏㄜˊ），藉（ㄐㄧㄝˋ）此（ㄘˇ）運（ㄩㄣˋ）送（ㄙㄨㄥˋ）血（ㄒㄧㄝˇ）液（ㄧㄝˋ）中（ㄓㄨㄥ）的（ㄉㄜ˙）氧（ㄧㄤˇ）；鐵（ㄊㄧㄝˇ）與（ㄩˇ）氧（ㄧㄤˇ）結（ㄐㄧㄝˊ）合（ㄏㄜˊ）後（ㄏㄡˋ）會（ㄏㄨㄟˋ）呈（ㄔㄥˊ）現（ㄒㄧㄢˋ）紅（ㄏㄨㄥˊ）色（ㄙㄜˋ），所（ㄙㄨㄛˇ）以（ㄧˇ）血（ㄒㄧㄝˇ）液（ㄧㄝˋ）才（ㄘㄞˊ）是（ㄕˋ）紅（ㄏㄨㄥˊ）色（ㄙㄜˋ）的（ㄉㄜ˙）。

鱟（ㄏㄡˋ）並（ㄅㄧㄥˋ）不（ㄅㄨˋ）是（ㄕˋ）靠（ㄎㄠˋ）鐵（ㄊㄧㄝˇ）來（ㄌㄞˊ）運（ㄩㄣˋ）送（ㄙㄨㄥˋ）氧（ㄧㄤˇ），而（ㄦˊ）是（ㄕˋ）靠（ㄎㄠˋ）血（ㄒㄧㄝˇ）球（ㄑㄧㄡˊ）中（ㄓㄨㄥ）的（ㄉㄜ˙）銅（ㄊㄨㄥˊ）來（ㄌㄞˊ）運（ㄩㄣˋ）送（ㄙㄨㄥˋ）氧（ㄧㄤˇ）；因（ㄧㄣ）為（ㄨㄟˋ）銅（ㄊㄨㄥˊ）與（ㄩˇ）蛋（ㄉㄢˋ）白（ㄅㄞˊ）質（ㄓˊ）的（ㄉㄜ˙）結（ㄐㄧㄝˊ）合（ㄏㄜˊ）物（ㄨˋ）為（ㄨㄟˋ）藍（ㄌㄢˊ）色（ㄙㄜˋ），所（ㄙㄨㄛˇ）以（ㄧˇ）鱟（ㄏㄡˋ）的（ㄉㄜ˙）血（ㄒㄧㄝˇ）液（ㄧㄝˋ）是（ㄕˋ）藍（ㄌㄢˊ）色（ㄙㄜˋ）的（ㄉㄜ˙）。其（ㄑㄧˊ）他（ㄊㄚ）比（ㄅㄧˇ）較（ㄐㄧㄠˋ）特（ㄊㄜˋ）別（ㄅㄧㄝˊ）的（ㄉㄜ˙）還（ㄏㄞˊ）有（ㄧㄡˇ）螃（ㄆㄤˊ）蟹（ㄒㄧㄝˋ）的（ㄉㄜ˙）血（ㄒㄧㄝˇ）是（ㄕˋ）青（ㄑㄧㄥ）色（ㄙㄜˋ）、冰（ㄅㄧㄥ）魚（ㄩˊ）的（ㄉㄜ˙）血（ㄒㄧㄝˇ）是（ㄕˋ）黃（ㄏㄨㄤˊ）色（ㄙㄜˋ），而（ㄦˊ）扇（ㄕㄢ）蟶（ㄔㄥ）蟲（ㄔㄨㄥˊ）的（ㄉㄜ˙）血（ㄒㄧㄝˇ）甚（ㄕㄣˋ）至（ㄓˋ）還（ㄏㄞˊ）會（ㄏㄨㄟˋ）變（ㄅㄧㄢˋ）色（ㄙㄜˋ）。這（ㄓㄜˋ）些（ㄒㄧㄝ）動（ㄉㄨㄥˋ）物（ㄨˋ）的（ㄉㄜ˙）血（ㄒㄧㄝˇ）液（ㄧㄝˋ）顏（ㄧㄢˊ）色（ㄙㄜˋ）之（ㄓ）所（ㄙㄨㄛˇ）以（ㄧˇ）不（ㄅㄨˋ）同（ㄊㄨㄥˊ），都（ㄉㄡ）是（ㄕˋ）因（ㄧㄣ）

知識補給站

鱟的血液遇到對自己有害的病毒時會產生一種凝固蛋白，血液快速凝固，病毒就無法在體內繁殖。人類利用鱟的血液萃取出「鱟試劑」，用來檢驗是否有細菌存在：如果有細菌，試劑會凝固；而沒有凝固就代表沒有細菌，是安全的。

為<ruby>血<rt>ㄒㄧㄝˇ</rt></ruby><ruby>球<rt>ㄑㄧㄡˊ</rt></ruby><ruby>內<rt>ㄋㄟˋ</rt></ruby><ruby>含<rt>ㄏㄢˊ</rt></ruby>的<ruby>金<rt>ㄐㄧㄣ</rt></ruby><ruby>屬<rt>ㄕㄨˇ</rt></ruby><ruby>不<rt>ㄅㄨˋ</rt></ruby><ruby>同<rt>ㄊㄨㄥˊ</rt></ruby>的<ruby>關<rt>ㄍㄨㄢ</rt></ruby><ruby>係<rt>ㄒㄧˋ</rt></ruby><ruby>喔<rt>ㄛ</rt></ruby>！

學習小天地

受傷之後傷口會結痂，是因為血液中的血小板聚集在傷口處凝固，防止出血過多。血友病的患者則因為缺乏血小板，一旦受了傷就難以止血，因此患者時時都要非常小心，盡量避免讓自己受傷。

學習目標 動物的構造與功能。

三、四年級 描述陸生及水生動物的形態及其運動方式，並知道水生動物具有適合水中生活的特殊構造。

為什麼電鰻會發電？

知識補給站

電鰩也會發電，牠們身體中一樣有稱為「電板」的放電器官，肚子兩邊各有一塊，是牠們電流的來源。至於為什麼電鰻、電鰩這些魚類會發電呢？其實都是為了捕捉食物和防禦敵人的攻擊所演化出來的特殊能力。

在無奇不有的大自然中，有著會發光的動物和昆蟲，也有會發電的魚喔！牠們就是電鰻。雖然叫電鰻，但牠們實際上的生物分類比較接近鯰魚；長長的身體沒有鱗片，無數小塊的肌肉組織裡面有圓盤狀的發電細胞。

電鰻想要發電時，牠們身體裡的神經系統會傳達訊息給大多數的發電細胞，每個發電細胞接收到訊息後立即產生微小的電流，電鰻接著用自己的頭跟尾巴接觸目標，將所有細胞產生的電流匯聚在一起，送到目標的身上，這種電流很強大，足以把其他魚類或人類電昏！

學習小天地

大自然裡有會放電的魚，激發人類對電池的構想與發明。電鰻以自己身體的頭尾作為正、負極，身上的肌肉組織「電板」作為電解液，而電池的基本構造就是正、負極和電解液；科學家們成功地做出了將正負極相連的糊狀電解液，讓電池得以發揮作用，並且改良得愈來愈好。

學習目標 動物的構造與功能。
三、四年級 描述陸生及水生動物的形態及其運動方式，並知道水生動物具有適合水中生活的特殊構造。

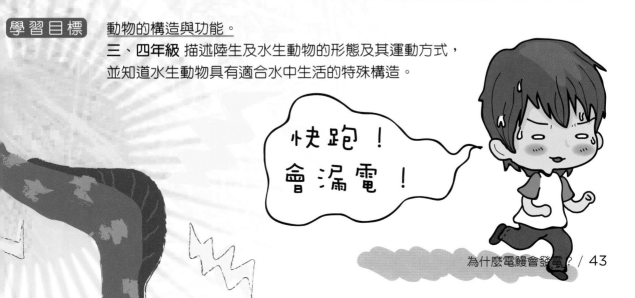

快跑！
會漏電！

Why? 為什麼魚可以停在水中不動?

停

難住!

停

爸爸,要學魚兒在水中不動,好困難喔!

魚有魚鰾,就是一個裝空氣的氣囊,魚透過調整裡面的空氣含量來維持在水中的平衡。

就像魚體內有個小氣球,把空氣排出,浮力變小,魚會往下沉;相反地,把氣保留,魚就往上浮。

原來如此,我懂了!

除了控制魚鰾內的空氣外，魚類身上的鰭也是幫助平衡的重要器官，即使不是要前進，魚也會緩緩擺動尾鰭跟胸鰭，在水裡保持平穩的狀態。其實魚類為了適應水中的生活環境，身體裡早就演化出許多具有特殊功能的器官囉！

學習目標　動物的構造與功能。

三、四年級 描述陸生及水生動物的形態及其運動方式，並知道水生動物具有適合水中生活的特殊構造。

學習小天地

潛水艇的原理和魚類很像喔！潛水艇內部有一個密閉的壓艙，下潛時，海水會被導引進壓艙裡，等潛水艇的比重大到超過海水之後就會下沉；要浮起時，就將海水排出，比重減小，就能再度回到海面上了。無論是飛機或潛水艇，人類都從大自然中學到很多知識喔！

哈！真的有氣球耶！

為什麼泥鰍會吐泡泡？

「這裡的爛泥巴裡有泥鰍耶，扭啊扭的，看起來好滑溜！」泥鰍喜歡生活在農田或池塘水面下的淤泥中，當牠們在泥中生活的時候，水面經常會有泡泡產生；如果把泥鰍抓到水桶裡，過沒多久也會冒出一堆泡泡，究竟牠們為什麼要吐泡泡呢？

泥鰍跟一般的魚一樣是用鰓呼吸，但是當牠們在淤泥裡活動時，鰓會被泥巴堵住，這時牠們就會改用腸子來呼吸。先浮出水面吸一大口氣，然後潛入泥中，將吸進的氧氣吸收，並把二氧化碳由肛門排到

知識補給站

泥鰍的食道、腸子跟肛門都是相連的，這條消化道很薄而且布滿微血管，能消化食物也能呼吸。當空氣進入泥鰍的嘴巴，氧氣會在靠近膽壁的地方被吸收，而二氧化碳和氮氣就會被排入水中；除了腸子之外，其實泥鰍也能用皮膚呼吸空氣，只要身體表面有水，牠們就能進行呼吸呢！

水裡，這時就會出現我們所看到的氣泡了。

學習目標

學習小天地

螃蟹雖是節肢動物，但是也跟魚一樣用鰓呼吸。牠們的鰓中有水分，離開水裡一段時間後，腮裡的水分漸漸變乾，這時牠們會大口地深呼吸，導致水跟空氣一起被呼出來，就形成白色的泡沫；這是螃蟹奮力呼吸的結果，也代表牠們的身體很健康喔！

動物的構造與功能。

三、四年級 描述陸生及水生動物的形態及其運動方式，並知道水生動物具有適合水中生活的特殊構造。

魚的視力很好嗎？

媽媽，水族箱裡的魚，看得到我耶？

哇！牠看得到耶！

牠們的水晶體又大又凸，接收各種角度的光線，視野就比人寬闊。

寬闊到連旁邊跟後面都看得到？

在大海裡眼觀四面很重要，牠們的眼球凸，不用轉身就能看到四面八方的東西。

看得很清楚嗎？

我的水晶體彎曲度不像人類一樣可以改變，所以我們都是大近視眼呢！

在中南美州有一種四眼魚，牠們的眼睛長在頭頂的位置，眼珠分為上下兩個部分，各有兩對水晶體和瞳孔，牠們通常會浮在水面，用上半部的眼睛看水面上的昆蟲；下半部的眼睛則觀察水裡的情況，是一種奇特的視覺。

<u>學習目標</u> 動物的構造與功能。

三、四年級 描述陸生及水生動物的形態及其運動方式，並知道水生動物具有適合水中生活的特殊構造。

學習小天地

眼睛是相當重要的感覺器官，簡單的眼睛構造可以感受明暗，複雜的構造如昆蟲的複眼，雖然看得不是很清楚，但每秒看到的畫面比人多十倍，能敏銳地看到周遭的環境。很難打得到蒼蠅，就是因為牠們的眼睛能看見四周的狀況！

你在看我嗎？

海龜為什麼會流眼淚？

每年到了繁殖季節，海龜媽媽會爬到沙灘上來，在沙灘上挖一個洞，之後把蛋產在裡面；不過在下蛋的時候，牠的眼淚卻撲簌簌地流下來，為什麼海龜媽媽會邊流眼淚邊下蛋呢？這並不是因為生蛋很痛苦，而是因為海龜們平常是吃海中的魚蝦，也喝海水來解渴；而海水的含鹽量很高，為了不讓這些鹽分影響身體，海龜們會用眼部的一種腺體，分泌出帶有鹽分的淚液，把鹽分排掉，那就是我們看到的眼淚了。

生物學家把這種能排泄鹽分的腺體稱作「鹽腺」，這是讓海龜可以在海裡生活的重要器官喔！

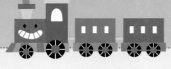

知識補給站

大自然中，為了要保護和溼潤眼睛，多數的陸生動物都擁有淚腺，也都會產生淚液。但動物們到底會不會因為開心或難過而流眼淚呢？可惜的是，這個問題可能要等到人類的科技能更進一步偵測動物的心情變化後，才有可能知道了。

動物的構造與功能。

三、四年級 描述陸生及水生動物的形態及其運動方式,並知道水生動物具有適合水中生活的特殊構造。

學習小天地

　　流眼淚是人類與生俱來的本能之一,因為人類大腦中掌管情緒的部分和淚腺相連結,情緒特別大的時候,淚腺就會產生淚液,隨著淚管排出。眼淚也有保護作用,在風沙或異物跑進眼睛時,就會刺激淚腺分泌淚液,以緩和眼睛不舒服的感覺。

我深藏不露！

烏龜
可以長壽萬年嗎？

「哇，那隻巨大的烏龜已經一百多歲了耶！」在我們的印象裡，烏龜是長壽的象徵，所以烏龜到底可以活多久呢？根據研究，烏龜可以活到兩百多歲，雖然沒有千年萬年這麼誇張，但在動物界之中也真的是長壽的代表了。

烏龜的長壽祕訣就是「慢」，牠們的生活步調幾乎都是慢慢地來；行動緩慢，心臟的跳動頻率不快，身體的代謝速度也不快，延長了器官老化的時間。在遇到危

知識補給站

基因是生物身體裡最神祕的部分之一，科學家近年來努力研究身體裡的基因對生物壽命的影響，發現生物體內有一種長壽基因，在碰到環境或身體的危難與壓力時，便會出來幫助生物本身度過難關，比如對抗疾病跟衰老。或許烏龜們身體裡的長壽基因真的很盡責，牠們才能活得長長久久。

險或是緊張時，就把四肢縮回殼裡，加上耐飢、耐渴，不用時時刻刻著急地尋找食物，就是這樣簡單悠哉的生活步調，造就了烏龜的長壽喔！

學習小天地

目前人類壽命最長的紀錄是接近120歲，在醫療與科技不斷進步的今天，生活和從前相比安全、舒適了許多；但是許多文明病，像肥胖、腎臟病等，就是因為生活條件變好而出現的新問題。從那些被稱為「人瑞」的爺爺、奶奶們口中，我們知道長壽的祕訣是保持身心愉悅、過簡單健康的生活，因此想要活得長久是需要智慧的！

學習目標

生命的共同性。
三、四年級 察覺生物成長的變化歷程。
生命的多樣性。
三、四年級 認識常見的動物和植物，並知道植物由根、莖、葉、花、果實、種子組成，知道動物外型可分為頭、軀幹、四肢。

動物界的 潛水冠軍 是誰？

　　背著氧氣筒跳進海裡的潛水夫可以跟魚兒一起游泳、尋找躺在海底的貝殼，或是在神祕的大海裡優游；但其實潛水夫們只能到得了大海的一小部分，真正會潛水的高手可是另有其「魚」，就是個頭超大的抹香鯨。抹香鯨屬於大型鯨魚的一種，身長到十多公尺，有著一個大大的頭，具有動物中最大的腦，而尾巴卻小小的，看起來就像是海裡的大蝌蚪；有時可以為了找食物而潛水一兩個鐘頭，最深可到海平面下3000公尺。牠們有個超大的肺活量，頭上的氣孔噴一次水就可以換掉身體裡85%的空氣，大尾鰭讓牠們1分鐘就可以加速下

知識補給站

　　抹香鯨雖然肺活量很大，也像人類一樣有兩個鼻孔，但牠們似乎是得了天生的感冒，右邊的鼻孔一直有鼻塞，只能靠左邊的鼻孔來換氣，這是因為抹香鯨的頭部在發育的過程中會往左偏斜，導致長大後的抹香鯨都會有這種現象。

潜_{ㄑㄧㄢˊ}320公_{ㄍㄨㄥ}尺_{ㄔˇ}，因_{ㄧㄣ}此_{ㄘˇ}動_{ㄉㄨㄥˋ}物_{ㄨˋ}界_{ㄐㄧㄝˋ}裡_{ㄌㄧˇ}的_{ㄉㄜ˙}潜_{ㄑㄧㄢˊ}水_{ㄕㄨㄟˇ}冠_{ㄍㄨㄢ}軍_{ㄐㄩㄣ}非_{ㄈㄟ}牠_{ㄊㄚ}們_{ㄇㄣ˙}莫_{ㄇㄛˋ}屬_{ㄕㄨˇ}了_{ㄌㄜ˙}！

學習目標　動物的構造與功能。
一、二年級 知道動物的成長，需要水、食物和空氣。
三、四年級 描述陸生及水生動物的形態及其運動方式，並知道水生動物具有適合水中生活的特殊構造。

我們來一決高下！

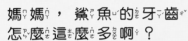

為什麼鯊魚一輩子都在換牙齒？？

Why?

媽媽，鯊魚的牙齒怎麼這麼多啊？

鯊魚的牙齒不是永久的，會不斷替換，鯊魚是掠食動物，需要保持鋒利的牙齒當武器。

跟人類換牙一樣，一顆一顆掉落嗎？

不是，最前排直立的牙齒用來撕咬，當這排牙齒脫落，後面幾排的備用齒就會像坐輸送帶一樣替補上來。

好想當鯊魚喔，就不怕拔牙了！

知識補給站

鯊魚被電影塑造為可怕的吃人怪物，但其實牠們大部分不會主動攻擊人類，只有大白鯊、鼬鯊及公牛鯊等的危險性比較高；有些濾食性的鯊魚並不打獵，只張開嘴巴吞食經過的小魚、小蝦。但若是在危險的海域，還是要注意自己的安全。

學習小天地

人類出生數個月後會陸續長出乳齒，7歲左右乳齒會開始陸續鬆脫，接著恆齒會長出來，數量也比乳齒稍多；到18歲左右，還有可能發育出四顆智齒，到這個階段，人類口腔裡的牙齒才算是發育完成。

學習目標　生命的共同性。
　　三、四年級 察覺生物成長的變化歷程。

好羨慕！

看我厲害

化石都是由動物骨骼形成的嗎？

實體化石

遺跡化石

知識補給站

　　琥珀是一種特殊的化石。某些古代的植物，能分泌有黏性的樹脂，而樹脂長時間在地層高溫、高壓的環境下，就形成琥珀。另外，要是樹脂偶然包裹住某些昆蟲，之後又形成琥珀，雖然裡面的昆蟲沒有經過石化作用，但也算是化石喔。

「博物館有長毛象的化石展，有興趣的小朋友可以去看哦！」大家所熟知的化石，不外乎是埋在地底下幾萬年的動物骨骼，真正化石的定義就是保存於地層中，經過石化形成的古生物遺體或遺跡。所以化石不單是動物的骨骼，植物的根、莖、葉石化後也可以是化石。

　　這類動物骨骼或植物被石化所形成的化石又稱為「實體化石」，另一種「遺跡化石」則是指動物走過的足跡、蠕蟲爬過的痕跡，或是沒有骨骼的生物身體被印在石頭上的痕跡，例如：水母的化石。

學習小天地

　　地底下的地層可以孕育出許多東西，除了化石，還有人類最常利用的石油也是：石油是由古代的有機物，在地層中經高溫、高壓而形成的，如果溫度太低就無法形成石油，溫度太高則會變成天然氣。

恐龍在地球上出現過嗎？

「跑快一點啊，恐龍就跟在你後面耶！」電影《侏羅紀公園》裡驚險刺激的情節，無論大人或小孩，從頭到尾都驚叫連連。牠們有的體型巨大、性格凶猛，有的跑得飛快，有的皮粗肉厚，但從來沒有人看過牠們的照片，動物園裡也看不到牠們，恐龍是真的存在過嗎？

早在十九世紀時，生物學家就發現了牠們生存過的痕跡，並且因為牠們鋒利的牙齒和爪子、龐大的體型，為牠們取了「恐龍」這個名字。進一步的研究發現，恐龍在大約兩億三

知識補給站

多數科學家認為，古代曾有大型隕石穿過大氣層，直接撞上地球表面，造成超大規模的爆炸跟火災，激起的粉塵和灰燼包覆住地球，改變了氣候；動植物一時之間無法適應，紛紛死去，恐龍們也就在這樣的環境中滅亡。

千萬年前出現，曾經稱霸了地球好長一段時間，直到約六千五百萬年前全部滅絕。恐龍滅亡的真正原因，科學家們仍不斷地在研究，但可以確定的是，牠們真的曾經生活在地球上喔！

學習小天地

凶猛巨大的暴龍跟可愛的小雞可能是親戚喔！美國科學家把從暴龍化石中找到的DNA跟雞的DNA比對，發現它們排列的順序非常相似；所以目前科學家認為現代鳥類可以說是恐龍的近親、甚至是後代呢！

學習目標　生命的共同性。
三、四年級 察覺生物成長的變化歷程。
生命的多樣性。
三、四年級 認識常見的動物和植物，並知道植物由根、莖、葉、花、果實、種子組成，知道動物外型可分為頭、軀幹、四肢。

恐龍去哪了？

暴龍

人體哪個部位最髒？

手很髒，不要隨便揉眼睛。

好癢喔！

爸爸，手是人身上最髒的地方嗎？

不是喔！口腔才是，嘴巴裡的微生物，在分解口中食物殘渣時會發出臭味，骯髒程度絕不輸廁所的地板！

好噁心喔！那是不是刷牙就好了？

細菌無所不在，刷牙前先用牙線清潔，然後仔細刷，再搭配漱口水，才能有健康乾淨的口腔喔！

清潔小幫手！

航髒的口腔和口臭有很大的關係，除了牙齒之外，記得也要輕輕地清潔舌頭，才不會受傷。口腔太乾燥也會讓口臭更嚴重，像長時間講話、用嘴巴呼吸、抽菸等等；適時地嚼口香糖能幫助增加唾液，讓口腔溼潤。

學習小天地

頭皮是人體排名第二髒的地方，頭皮上的微生物以頭皮分泌的油脂維生，所以洗頭的重點不是頭髮，而是頭皮。多梳頭髮也是防止微生物寄生的好辦法，可以讓頭皮透氣通風。

學習目標　生物和環境。
三、四年級 知道生物的生存需要水、空氣、土壤、陽光、養分等。
五、六年級 知道生物生存需要水、陽光、空氣、食物等資源，以及不同的環境有不同的生物生存。

眼睛的瞳孔為什麼會放大縮小？

　　小朋友們照鏡子的時候，注意過自己眼睛裡黑色的地方嗎？黑色的地方就叫做「瞳孔」，仔細觀察，它有時候會放大，有時候會縮小。瞳孔的放大縮小，是為了適應周遭環境明暗的變化，調整進入眼睛裡的光線量。當我們在比較暗的環境裡，眼球前方的肌肉會放鬆，使瞳孔變大，讓更多光線進入眼睛，看的才會比較清楚；相反的，光線太強的時候，眼球前方的肌肉會收縮，瞳孔變小，減少刺眼的光進入眼睛。

　　透過調節進入眼睛裡的光線，可以讓

知識補給站

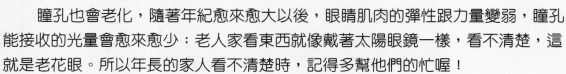

　　瞳孔也會老化，隨著年紀愈來愈大以後，眼睛肌肉的彈性跟力量變弱，瞳孔能接收的光量會愈來愈少；老人家看東西就像戴著太陽眼鏡一樣，看不清楚，這就是老花眼。所以年長的家人看不清楚時，記得多幫他們的忙喔！

我們保持健康的視覺，也不會讓過度強烈的光線傷害眼睛。瞳孔就像是大門口的警衛，負責為進入眼睛的光線把關，確保眼睛的安全與健康！

學習目標 生物和環境。

三、四年級 知道生物的生存需要水、空氣、土壤、陽光、養分等。生物對環境刺激的反應與動物行為。

五、六年級 知道環境的變化對動物和植物的影響（例如光、溼度等）。

虹膜
（黑眼珠）

我是警衛，抵擋傷人的光線。

上眼瞼

哇！原來如此。

睫毛

瞳孔

下眼瞼

鞏膜（眼白）

人為什麼有兩個鼻孔？

如果不小心挖鼻孔流血，爸媽會擔心地說：「不要亂挖，要是兩個鼻孔都挖壞怎麼辦呢？」鼻孔是呼吸空氣的通道，身體不舒服、鼻孔塞住，呼吸會變得很困難，有時候還得改用嘴巴呼吸，不然會喘不過氣來。鼻孔之間的距離這麼近、長得也差不多，好像兩個鼻孔沒什麼不同，為什麼我們要有兩個鼻孔呢？

科學家發現人類呼吸的時候，兩個鼻孔的氣流一個快、一個

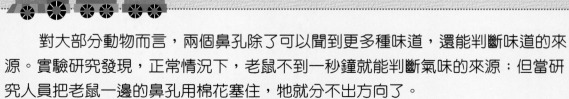

對大部分動物而言，兩個鼻孔除了可以聞到更多種味道，還能判斷味道的來源。實驗研究發現，正常情況下，老鼠不到一秒鐘就能判斷氣味的來源；但當研究人員把老鼠一邊的鼻孔用棉花塞住，牠就分不出方向了。

慢。氣流速度比較快的鼻孔比較靈敏，可以聞到能被鼻孔黏膜快速吸收分辨的氣味；氣流速度慢的鼻孔剛好相反，只能聞到比較慢才會被黏膜吸收分辨的味道。因為有兩個鼻孔，我們才能分辨這麼多不同的味道，可見它們分別都是很有用的喔！

學習小天地

鼻毛是呼吸道的守衛，負責把灰塵跟細菌限制在鼻孔，不會進入鼻腔；這些累積在鼻孔的灰塵跟細菌，會由黏膜分泌的鼻涕排出體外。要是把鼻毛都拔光，鼻孔就少了保護，黏膜也容易受傷，得不償失。

學習目標　生物和環境。

三、四年級 知道生物的生存需要水、空氣、土壤、陽光、養分等。
動物的構造與功能。

五、六年級 了解人體的呼吸系統。

為什麼剛起床時眼屎特別多？

　　每天早上起床後揉揉眼睛，會發現眼角的眼屎竟然比平常還要多，得趕快去廁所洗個臉，不然這樣出門的話還真不好意思。為什麼早上起床以後眼屎會比較多呢？

　　原來，空氣中充滿了許多的灰塵跟細菌，當這些東西跑進眼睛，眼睛就會分泌黏液跟眼淚把這些髒東西包覆住，然後將它沖到眼睛的角落，或跟眼淚一起流出眼睛外，保持眼球乾淨。眼屎，就是眼淚、黏液跟外來物質混合後乾掉的樣子。睡覺

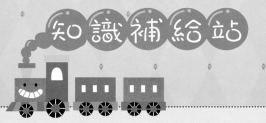

知識補給站

> 　　正常的眼屎是透明或淺淺的乳白色，如果是濃稠的白色或黃色，通常是因為發炎、感染、過敏或吃了太多油膩、刺激性的食物。要避免眼屎過多，除了保持清潔、不要隨便用手觸摸眼睛之外，吃得清淡一點也會有幫助。

時，我們一直都閉著眼睛，這些東西就慢慢累積在眼角，起床以後才會感覺眼屎好像特別多！

學習小天地
現代人大多長時間盯著電腦、電視或手機的螢幕，眨眼的次數減少，尤其在開著冷氣的環境裡，眼睛裡的水分蒸發得更快，眼睛容易乾澀充血，久了就會變成「乾眼症」。所以一定要記得讓眼睛適當的休息喔！

學習目標　生命的共同性。
三、四年級　察覺生物成長的變化歷程。

！你眼睛旁白白的！

這是什麼啊！

為什麼

肚臍 黑黑的？

　　有時低頭一看發現肚臍黑黑的，是生病了嗎？通常這時媽媽會說：「別擔心，洗澡的時候順便把肚臍裡清洗一下就好了！」媽媽這樣說是因為黑黑的東西是肚臍裡沒有洗乾淨的汙垢，跟身體其他部位一樣，肚臍裡也會出汗、累積汙垢。但是清理肚臍裡的汙垢可不容易，要非常小心，才不會讓肚臍脆弱的皮膚受傷；如果清理的方式太粗魯，嚴重一點甚至會導致肚臍流血！

　　洗澡之前，可以用棉花棒沾一點凡士林，在肚臍裡輕輕地畫圈，慢慢地把汙垢

知識補給站

　　常聽到的凡士林其實就是「石蠟」，這種物質不會傷害人體的皮膚。雖然沒有治療的作用，但可以保護皮膚，如果冬天皮膚乾裂，塗點凡士林可以隔絕乾燥的空氣，避免再次裂開。

凡士林

清(ㄑㄧㄥ)除(ㄔㄨˊ)；等(ㄉㄥˇ)洗(ㄒㄧˇ)澡(ㄗㄠˇ)的(ㄉㄜ˙)時(ㄕˊ)候(ㄏㄡˋ)，再(ㄗㄞˋ)用(ㄩㄥˋ)溫(ㄨㄣ)水(ㄕㄨㄟˇ)或(ㄏㄨㄛˋ)毛(ㄇㄠˊ)巾(ㄐㄧㄣ)把(ㄅㄚˇ)清(ㄑㄧㄥ)出(ㄔㄨ)來(ㄌㄞˊ)的(ㄉㄜ˙)汙(ㄨ)垢(ㄍㄡˋ)沖(ㄔㄨㄥ)乾(ㄍㄢ)淨(ㄐㄧㄥˋ)。小(ㄒㄧㄠˇ)朋(ㄆㄥˊ)友(ㄧㄡˇ)們(ㄇㄣˊ)絕(ㄐㄩㄝˊ)對(ㄉㄨㄟˋ)不(ㄅㄨˋ)能(ㄋㄥˊ)用(ㄩㄥˋ)尖(ㄐㄧㄢ)銳(ㄖㄨㄟˋ)的(ㄉㄜ˙)東(ㄉㄨㄥ)西(ㄒㄧ)挖(ㄨㄚ)肚(ㄉㄨˋ)臍(ㄑㄧˊ)，更(ㄍㄥˋ)不(ㄅㄨˋ)能(ㄋㄥˊ)直(ㄓˊ)接(ㄐㄧㄝ)用(ㄩㄥˋ)手(ㄕㄡˇ)摳(ㄎㄡ)，不(ㄅㄨˋ)小(ㄒㄧㄠˇ)心(ㄒㄧㄣ)流(ㄌㄧㄡˊ)血(ㄒㄧㄝˇ)可(ㄎㄜˇ)就(ㄐㄧㄡˋ)不(ㄅㄨˋ)好(ㄏㄠˇ)受(ㄕㄡˋ)了(ㄌㄜ˙)！

學習目標 生命的共同性。
三、四年級 察覺生物成長的變化歷程。

學習小天地

　　人為什麼有肚臍？當我們還在媽媽肚子裡的時候，媽媽體內的營養就是靠臍帶運送給我們；出生後臍帶就用不到了，所以醫生會把它剪斷然後做處理。原本臍帶跟我們身體連接的位置，就是所謂的肚臍眼喔。

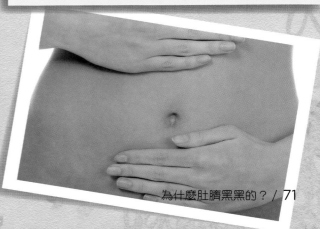

我們的頭髮為什麼有不同顏色？

我是黃種人，我是黑頭髮。

我也是黃種人，但我是棕色頭髮。

我是白人，是黃頭髮。

知識補給站

髮色和膚色都是由遺傳基因決定的。黑種人身上體毛少，但頭髮比較粗、自然捲曲；白種人身上的體毛多，他們的頭髮有些是直的，有些則是波浪型；而我們亞洲黃種人，大部分的頭髮則是偏直。

世界上有很多不同的人種，他們的皮膚、眼睛的顏色都不同，連頭髮也有不一樣的顏色。小朋友們，有沒有想過為什麼我們的頭髮是黑色的呢？

頭髮的根部是毛囊，毛囊裡面色素沉澱的顏色，就是我們頭髮的顏色；黑色素愈多，髮色也愈深。人類分散在不同的地區，經過演化發展出不同的基因；黑色素主要能阻擋紫外線，讓皮膚不會因為被陽光裡的紫外線照射過度而生病。寒冷地區的陽光照射少，人體內的黑色素也少，所以白種人的頭髮幾乎都是淺金黃色、淺棕色；在比較熱的地區，黃種人、黑種人或棕色人種的頭髮就是深棕色或接近黑色，幫助抵擋紫外線的傷害。原來髮色也能保護我們的健康呢！

學習小天地

不少男生們長大以後會為禿頭的問題煩惱，因為多數發生在男性身上，從頭頂開始掉髮、擴大；在女性身上發生的話，多數是頭髮漸漸稀疏，不會太明顯。這是遺傳造成，也算是身體衰老的一種徵兆。

學習目標　生命的共同性。
三、四年級 察覺生物成長的變化歷程。

指甲有什麼功用？

用指甲抓癢好舒服喔！

好舒服！

指甲除了抓癢還有什麼功用呢？

指甲能保護脆弱的手指跟腳趾，避免在活動中受傷，還能讓我們動作起來更協調、更靈活喔！

那為什麼指甲是粉紅色的呢？

指甲下面一小塊肉的部分叫指甲床，上面布滿許多細小的微血管，所以看起來就是粉紅色！

微血管

指甲床

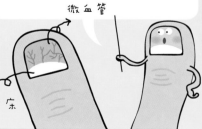

我會好好照顧指甲的！

知識補給站

從指甲可以看出我們的健康狀況：顏色改變、表面凹凸不平、出現明顯的線條或裂痕，都代表身體出了問題。另外，要是不小心受到強烈撞擊，指甲也有可能整片脫落。所以小朋友們平常要注意安全、保持健康的身體喔！

學習目標 生命的共同性。

三、四年級 察覺生物成長的變化歷程。

學習小天地

愈來愈多人喜歡五顏六色、還能貼上各種裝飾的指甲彩繪，但有些廠商為了讓指甲油顏色持久、色彩更亮麗，會加入一些有害的化學成分；太常使用指甲油而沒有讓指甲休息，最後可能會讓指甲受傷、變色，得不償失。

我生病了！

人的頭髮一天長多少？

　　日常生活中到處都有美髮院，市面上跟頭髮有關的商品更是多到數不完，可見頭髮對我們來說有多重要。

　　「設計師，快幫我把頭髮剪短，頭髮長太快，前面的瀏海都快要把眼睛遮住了！」頭髮每天都在生長，但是你們知道它一天能增加幾公分嗎？

　　正常來說，頭髮一天可以增長0.03~0.04公分，一個月大概等於增加1公分。不同的年齡和月份也會影響頭髮增長的速度，通常15~30歲之間和每年的6~7月，頭髮生長的

知識補給站

　　一般人一天大概會掉50~60根頭髮，正常的掉髮不會讓人禿頭，因為每天都還會長出相近數量的頭髮；但如果一天掉超過100根頭髮，持續2~3個月，或掉落的頭髮前端是尖的，那就是有提前掉髮的跡象了。

速度最快。另外，男生頭髮長得比女生快、夏天比冬天快、白天也比晚上快。自然脫落的情況下，男生頭髮的壽命大概2~4年、女生是3~7年；頭髮也會維持一定的數量，一般人不用太擔心髮量的問題！

學習小天地

導致掉髮的原因有很多：年紀、保養方式、洗髮精成分都可能會影響；另外，反覆抓頭、用太燙的熱水洗頭、使用吹風機時離頭髮太近等，也都可能讓頭髮提早掉落呢！

學習目標 生命的共同性。
三、四年級 察覺生物成長的變化歷程。

算一下，要變成長髮美女要多久？

誰來幫我把水關掉啦！

鼻水是從哪裡來的？

「真ㄓㄣ討ㄊㄠˇ厭ㄧㄢˋ，怎ㄗㄣˇ麼ㄇㄜ鼻ㄅㄧˊ水ㄕㄨㄟˇ跟ㄍㄣ打ㄉㄚˇ開ㄎㄞ的ㄉㄜ水ㄕㄨㄟˇ龍ㄌㄨㄥˊ頭ㄊㄡ一ㄧ樣ㄧㄤˋ流ㄌㄧㄡˊ個ㄍㄜ不ㄅㄨˊ停ㄊㄧㄥˊ？」感ㄍㄢˇ冒ㄇㄠˋ的ㄉㄜ時ㄕˊ候ㄏㄡˋ會ㄏㄨㄟˋ一ㄧˋ直ㄓˊ流ㄌㄧㄡˊ鼻ㄅㄧˊ水ㄕㄨㄟˇ，我ㄨㄛˇ們ㄇㄣ只ㄓˇ好ㄏㄠˇ用ㄩㄥˋ衛ㄨㄟˋ生ㄕㄥ紙ㄓˇ一ㄧˋ張ㄓㄤ一ㄧˋ張ㄓㄤ地ㄉㄧˋ拚ㄆㄧㄣˋ命ㄇㄧㄥˋ把ㄅㄚˇ流ㄌㄧㄡˊ出ㄔㄨ來ㄌㄞˊ的ㄉㄜ鼻ㄅㄧˊ水ㄕㄨㄟˇ擦ㄘㄚ乾ㄍㄢ淨ㄐㄧㄥˋ。這ㄓㄜˋ些ㄒㄧㄝ像ㄒㄧㄤˋ是ㄕˋ流ㄌㄧㄡˊ不ㄅㄨˋ完ㄨㄢˊ的ㄉㄜ鼻ㄅㄧˊ水ㄕㄨㄟˇ，到ㄉㄠˋ底ㄉㄧˇ是ㄕˋ從ㄘㄨㄥˊ哪ㄋㄚˇ裡ㄌㄧˇ來ㄌㄞˊ的ㄉㄜ呢ㄋㄜ？

正ㄓㄥˋ常ㄔㄤˊ情ㄑㄧㄥˊ況ㄎㄨㄤˋ下ㄒㄧㄚˋ，我ㄨㄛˇ們ㄇㄣ鼻ㄅㄧˊ腔ㄑㄧㄤ的ㄉㄜ黏ㄋㄧㄢˊ膜ㄇㄛˊ本ㄅㄣˇ來ㄌㄞˊ就ㄐㄧㄡˋ會ㄏㄨㄟˋ分ㄈㄣ泌ㄇㄧˋ一ㄧˋ些ㄒㄧㄝ少ㄕㄠˇ量ㄌㄧㄤˋ的ㄉㄜ鼻ㄅㄧˊ水ㄕㄨㄟˇ來ㄌㄞˊ維ㄨㄟˊ持ㄔˊ溼ㄕ潤ㄖㄨㄣˋ、調ㄊㄧㄠˊ節ㄐㄧㄝˊ溫ㄨㄣ度ㄉㄨˋ，而ㄦˊ且ㄑㄧㄝˇ還ㄏㄞˊ有ㄧㄡˇ清ㄑㄧㄥ除ㄔㄨˊ病ㄅㄧㄥˋ毒ㄉㄨˊ的ㄉㄜ防ㄈㄤˊ禦ㄩˋ效ㄒㄧㄠˋ果ㄍㄨㄛˇ；但ㄉㄢˋ是ㄕˋ感ㄍㄢˇ冒ㄇㄠˋ時ㄕˊ，鼻ㄅㄧˊ腔ㄑㄧㄤ黏ㄋㄧㄢˊ膜ㄇㄛˊ因ㄧㄣ為ㄨㄟˋ被ㄅㄟˋ病ㄅㄧㄥˋ毒ㄉㄨˊ感ㄍㄢˇ染ㄖㄢˇ，所ㄙㄨㄛˇ以ㄧˇ出ㄔㄨ現ㄒㄧㄢˋ腫ㄓㄨㄥˇ脹ㄓㄤˋ、充ㄔㄨㄥ血ㄒㄧㄝˇ的ㄉㄜ情ㄑㄧㄥˊ形ㄒㄧㄥˊ，黏ㄋㄧㄢˊ膜ㄇㄛˊ會ㄏㄨㄟˋ分ㄈㄣ泌ㄇㄧˋ過ㄍㄨㄛˋ多ㄉㄨㄛ的ㄉㄜ鼻ㄅㄧˊ水ㄕㄨㄟˇ，這ㄓㄜˋ時ㄕˊ候ㄏㄡˋ鼻ㄅㄧˊ水ㄕㄨㄟˇ就ㄐㄧㄡˋ會ㄏㄨㄟˋ怎ㄗㄣˇ麼ㄇㄜ擦ㄘㄚ都ㄉㄡ擦ㄘㄚ不ㄅㄨˋ

知識補給站

　　分泌鼻水的目的是要讓細菌和病毒隨著鼻水流出排掉，但多數人無法忍受流鼻水的感覺，於是靠吃藥讓鼻水的分泌量減少，沒想到反而幫助細菌和病毒的增長，鼻水變黏稠，嚴重還會導致鼻竇（ㄉㄡˋ）炎，所以一定要注意用藥安全喔。

完。 這種狀況下， 只能多休息， 趕快把感冒治療好， 等感冒痊癒了以後， 流鼻水的狀況自然就會好轉了！

學習小天地

多休息、多喝水、注意保暖、維持充足的睡眠，這些都能讓感冒快快好起來；除此之外，可以用「溫鹽水」來沖洗鼻子，清除留在鼻腔的細菌；如果要服用藥物一定要遵照醫師的指示，盡量不要自己去藥局買藥。

學習目標 生物對環境刺激的反應與動物行為。
一、二年級 察覺人對外界溫度變化會有反應（例如低溫會顫抖、高溫會流汗）。
生命的共同性。
三、四年級 察覺生物成長的變化歷程。

為什麼狗和人這麼親密?

在許多電影中,都會描述人與狗深刻且堅定的感情,除了心靈上的陪伴之外,日常生活中有許多地方都看得到狗幫助人類的證據,例如:導盲犬、緝毒犬、炸彈偵查犬、警犬等。狗之所以可以對人類這麼忠誠,其實到現在也沒有確定的答案,多數科學家只能確定,狗最早是經由不斷地訓練,才慢慢變得和人類如此親近。有研究顯示,最早的狗起源可能是1.6萬年前來自於中國的灰狼,不過這項研究目前還在討論中,因為還有許多人提出了不同的看法,

世界頂尖的學術雜誌《科學》曾經報導過,東亞地區的狗擁有最多樣性基因,但是這篇報導一出來就引發了學術的論文之爭,後來《自然》雜誌又推出一篇研究,說明狗的祖先應該是來自於中東。目前關於狗的明確起源我們還是不清楚,但可以確定的是,狗大概是源自於亞洲。

不過不可否認的是，狗已經是人類身旁最親近的朋友了。

學習目標 生命的多樣性。

三、四年級 認識常見的動物和植物，並知道植物由根、莖、葉、花、果實、種子組成，知道動物外型可分為頭、軀幹、四肢。

動物的構造與功能。

三、四年級 經由觀察小動物，知道動物的一生是由出生、成長到死亡。

學習小天地

狂犬病是人畜共通的傳染病，如果被感染病毒的動物咬傷，會造成病患痙攣、精神錯亂，之後出現幻覺、幻聽等症狀；每個患者症狀程度不一，也有可能死亡。由於大腦被病毒破壞，病人的精神不穩定，可能會隨機攻擊人，並藉由唾液傳染給他人，因此幫家中的狗狗做好防疫工作是很重要的。

怎麼可以這麼可愛呀！

犀牛的角
為什麼與眾不同？

知識補給站

犀牛尖銳的角可以長達近1公尺，受到侵犯時奮力一衝，敵人就會付出慘痛的代價。但犀牛角在某些國家被視為藥材，因此犀牛被人類殘忍地獵殺，數量在大大減少之中。所以大家一起來保育犀牛，拒絕獵殺！

猜猜看

在非洲和東南亞的草原上，有一種動物臉上有隻粗壯的角，你知道是什麼動物嗎？

那就是犀牛，不過犀牛的角和鹿、牛、羊頭上的角是不一樣的喔！這幾種動物的角都是成對地長在頭上，左右對稱，而且跟頭骨連接著。以鹿來說，繁殖季節時，公鹿為了吸引母鹿的注意而用角跟其他公鹿打架，母鹿們則因沒有需求，鹿角就漸漸退化。

但犀牛不一樣，牠們只有一隻角，而且沒有跟頭骨相連，這個角是由一種叫「角質」的東西組成，跟人類的指甲很像。犀牛角不是用來吸引異性的裝飾品，而是牠們在生存演化中，用來抵抗敵人、跟敵人奮戰時的武器，所以不是成對地長在頭頂兩側，而是長在頭部最前端喔！

學習目標　生命的多樣性。
三、四年級 認識常見的動物和植物，並知道植物由根、莖、葉、花、果實、種子組成，知道動物外型可分為頭、軀幹、四肢。

學習小天地

成年的鹿每年會從角的根部長出一對新的角，完全長成需要好幾個月的時間；生長完畢後，鹿會把角上的皮膚磨掉，角就會變得堅硬。牛雖然也有一對角，但牠們的角不會每年更換，而是跟著牛一起長大。

知識補給站

不同類型的工作環境，需要的狗也不同：警察執法機關多是選體型較大、看起來有威嚇能力的狼犬；導盲工作多是選性格安定的拉布拉多；陪伴年紀大或生病的人，需要溫馴親近人的狗。這些狗狗的付出，讓我們的世界更美好！

學習小天地

根據規定，旅客禁止攜帶肉類、水果、植物等違禁品進入臺灣，因為這些食物可能會把外國的病毒、細菌或害蟲帶進國內，所以要靠機場防疫犬靈敏的嗅覺來巡邏、檢查旅客的行李。

學習目標 動物的構造與功能。

三、四年級描述陸生及水生動物的形態及其運動方式，並知道水生動物具有適合水中生活的特殊構造。

我是靈敏的米格魯

O.K.

狗狗工作時帥氣的模樣

我是溫馴的拉布拉多犬

長頸鹿 的脖子怎麼那麼長？

　　草原上的長頸鹿伸著長長的脖子，優雅地吃著樹上的葉子，讓人不禁羨慕，不用爬樹就能吃到樹上的葉子跟果實，視野也很棒，幾乎沒有死角！長頸鹿的祖先住在非洲的草原上，為了不跟其他動物搶地面的草，於是牠們開始拉長脖子吃樹上的樹葉或果實；隨著演化，那些伸長脖子的長頸鹿往往吃得比較多、長得比較好，經過了好幾個世代，適應環境的長頸鹿群就慢慢演變成長脖子的動物了。

　　長頸鹿是世界上最高的動物，可以長高到超過5公尺；長頸鹿寶寶剛生下來就已經有將近2公尺高，比大部分的成年人還高大，真是動物界裡的巨人！

　　因為通常水源都在比較低的地方，所以喝水的時候長頸鹿只能盡量伸展雙腳，把頭壓低。但其實牠們很耐渴，可以好幾個月不喝水，只靠吃植物的果子來補充水分，才能適應在非洲乾燥地區的生活。

怎麼這麼長啦！

學習小天地

　　生存在約兩億年前的長頸龍，體長約6公尺，脖子占了3公尺；這麼長的脖子，加上發現化石的地點多在水邊，於是科學家們推測牠們可能是兩棲的恐龍。至於有關牠們更詳細的生活方式，科學家們還要進一步研究。

<u>學習目標</u>　生命的多樣性。
三、**四年級** 認識常見的動物和植物，並知道植物由根、莖、葉、花、果實、種子組成，知道動物外型可分為頭、軀幹、四肢。

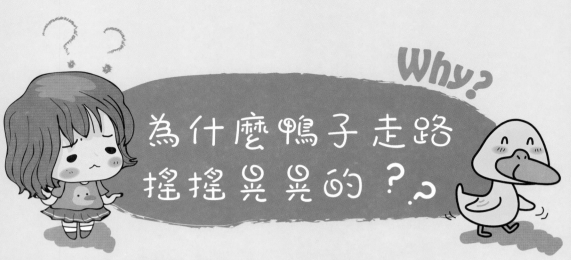

為什麼鴨子走路搖搖晃晃的？

Why?

為什麼鴨子走路會搖搖擺擺呢？看起來好可愛喔！

鴨子的腳靠近屁股，可以游得很快；但走路跟游泳不一樣，為了不要跌倒，鴨子會往後仰，配上短短的腳，走起路來就搖搖晃晃的。

那在水裡牠們是怎麼游泳的？

牠們的腳趾之間有蹼，方便牠們在水中滑水，快速前進！

我走路的樣子很有趣嗎！

人類飼養的鴨子體型比較大，產卵的量也比野生的鴨子多。被飼養的鴨子因為一直生長在固定的區域裡，牠們漸漸地失去了隨季節遷徙的天性，也就不會像野生的鴨子一樣到處自由地飛翔。

學習小天地

冬天時，鴨子在水裡不會凍僵，牠們會用嘴啄尾巴，把尾巴上的油脂沾在嘴上，然後用油擦拭羽毛，羽毛就不容易被水沾溼，能夠保暖；而且游泳滑水也會產生熱量，這些就是牠們度過冬天的好辦法！

學習目標　動物的構造與功能。
三、四年級 描述陸生及水生動物的形態及其運動方式，並知道水生動物具有適合水中生活的特殊構造。

我們都是可愛的鴨子。

烏鴉 都是黑色的嗎？

「嘎、嘎、嘎！主人，有入侵者！」恐怖片或有關吸血鬼的電影裡，常會看到黑色的烏鴉和主角一起出現；低沉的叫聲搭配陰森的形象，讓人覺得很恐怖。不過現實生活中，真的所有的烏鴉都是黑色的嗎？其實不是，有些烏鴉有白色的羽毛喔！

其實烏鴉有許多不同的種類，牠們羽毛的顏色跟分布的區域都不大一樣，有些胸前的羽毛是白色的，有些則是背上的羽

知識補給站

大部分的烏鴉因為有黑漆漆的外表和沙啞的叫聲，所以會讓人產生不好的聯想，覺得烏鴉出現一定會有壞事發生，許多國家也都把烏鴉當成厄運的象徵；不過在英國跟日本，烏鴉是吉祥、好運的代表！由此可見，大家都誤會牠們了。

毛是白色的。 長期以來， 科學家們經過很多實驗證明， 在所有鳥類的世界裡， 烏鴉是最聰明的一種， 牠們的智商大概跟5~7歲的小朋友們差不多； 不但懂得如何利用工具來解決問題， 還能進行簡單的推理。 看起來普通的烏鴉， 其實可是很厲害的呢！

學習小天地

烏鴉的智商很高，也喜歡欣賞、收集一些亮晶晶的小東西，只要是搬的動的，牠們都會毫不猶豫地用嘴叼或是用爪子搬回鳥巢裡；在求偶期，雄鳥也會利用這些小東西來吸引雌鳥的注意。

學習目標 生命的多樣性。
三、四年級 認識常見的動物和植物，並知道植物由根、莖、葉、花、果實、種子組成，知道動物外型可分為頭、軀幹、四肢。

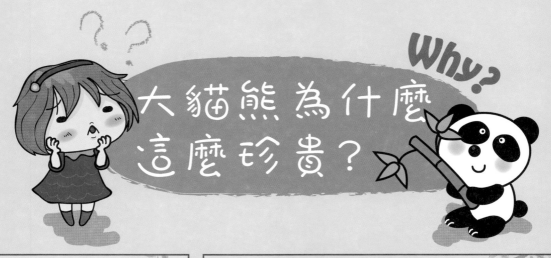

大貓熊為什麼這麼珍貴？

Why?

大貓熊身體圓滾滾、走起路來左右搖晃、愛吃又頑皮，不管到哪都人見人愛！

野生大貓熊的數量大概剩1000隻，快要瀕臨絕種，全世界都努力地保護牠們，牠們非常珍貴喔！

哇～怎麼會這麼少呢？

大貓熊生養寶寶很困難，竹子枯了牠們也會餓死，人類又大量破壞森林讓牠們無家可歸，所以愈來愈少。

要好好保護我們喔！

大貓熊體內沒有能消化竹子纖維的細菌可以幫助消化、吸收養分，而且竹子熱量很低，所以為了少消耗一點能量，大貓熊每天不是吃就是睡。大概花13.5小時覓食，10小時休息，剩下的0.5小時玩樂。

學習小天地

野生的大貓熊除了竹子之外，有時候也會吃草、果子、昆蟲、甚至一些小型動物。但大貓熊其實不太喜歡吃肉，科學家發現牠們體內有種基因不能正常運作，所以吃不出肉的鮮甜，久了也就不愛吃囉！

學習目標　動物的構造與功能。

三、四年級 描述陸生及水生動物的形態及其運動方式，並知道水生動物具有適合水中生活的特殊構造。

你們好可愛喔！

觀察一下 哺乳動物的眼睛長在哪裡呢?

親愛的小伍哥哥,我在逛動物園時,發現動物們眼睛的位置好像不太一樣耶!為什麼呢?

小朋友知道為什麼動物的眼睛長的位置都不同嗎?有的長在頭的前面,有的長在兩邊呢?其實是需求所演變出來的,肉食性動物為了獵捕動物,需要能準確判斷自己跟獵物的距離,所以眼睛大多長在頭的正前方,焦距比較清楚。而大部分草食性動物的眼睛則長在頭的兩側,因為這樣牠們才能觀察來自四面八方的動物攻擊,看準時機逃跑!

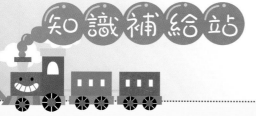

知識補給站

在草食性動物的世界裡,馬可說是眼睛最大、視野最寬廣的,幾乎360度範圍內的東西都能看見,沒有視覺死角;加上馬的腿又長又有力,跑起來快極了,算是草原動物裡的佼佼者呢!

草食性動物

學習小天地

　　生活在黑暗或微光裡的哺乳動物，眼睛的幫助不大，牠們通常是靠嗅覺、觸覺或聽覺來辨認方向。像生活在洞穴裡的蝙蝠，有一套特殊的定位系統，能利用聲音反彈的速度來判斷位置，很厲害吧！

嗯！好像真的不一樣。

學習目標 生命的多樣性。

三、四年級 認識常見的動物和植物，並知道植物由根、莖、葉、花、果實、種子組成，知道動物外型可分為頭、軀幹、四肢。

肉食性動物

大象的祖先也有長鼻子嗎？？

　　動物園裡有許許多多的動物，其中有一種動物身材壯碩又高大，還有像扇子的大耳朵以及長長的鼻子，甩呀甩真有趣——那就是大象。

　　根據科學家研究，在埃及曾發現大象的始祖，體型大約跟豬差不多大小，而且他們並沒有長長的鼻子，只有跟鼻孔相連的厚厚的上嘴唇，也沒有長長的象牙，行動慢吞吞的。而現在大象的模樣都是慢慢演化才形成的喔！

知識補給站

　　大象有長長的鼻子是因為牠們的身體隨著演化愈來愈高大，離地面愈來愈遠，為了要覓食跟生存，大象的鼻子就慢慢演化增長，才能拿取地面上的食物或是喝水，這些都是為了生活上的需要。

學習目標

動物的構造與功能。

三、四年級 描述陸生及水生動物的形態及其運動方式，並知道水生動物具有適合水中生活的特殊構造。

生命的多樣性。

三、四年級 認識常見的動物和植物，並知道植物由根、莖、葉、花、果實、種子組成，知道動物外型可分為頭、軀幹、四肢。

有長長的鼻子好方便！

馬為什麼站著睡覺?

　　假日馬場裡有許許多多的人正在騎馬,馬兒在馬場上快樂地奔馳著,小嵐突然注意到旁邊馬廄裡有幾匹馬,正閉著眼睛在休息。咦!馬在睡覺嗎?那馬為什麼要站著睡啊?躺著不是比較舒服嗎?

　　其實馬會站著睡覺是因為怕凶猛的動物趁牠們睡覺時偷襲牠們,站著就能節省時間、迅速逃跑,這樣才能保命。所以馬跟同伴都一起站著睡,但是牠們不會全部同時睡,至少有一匹馬會醒著;發現危險就互相通知,保護大家的安全,所以馬跟士兵一樣懂得站崗保護同伴喔!

知識補給站

　　馬的馬蹄就像人類的指甲,常常接觸地面會磨損,但也會隨著時間再長出來。有些馬會被釘上馬蹄鐵,就是怕馬蹄磨損太快,特別是常運動或需要工作的馬,馬蹄鐵就像牠們的鞋子一樣,保護馬蹄。

　　西方人認為馬是一種活力的象徵，在古代常被當成人類的交通工具或是用來拉車。臺灣早期農業社會中最常見的動物則是牛，用牠來拉犁耕田，對我們的生活有非常大的貢獻喔！

學習目標　動物的構造與功能。

三、四年級 描述陸生及水生動物的形態及其運動方式，並知道水生動物具有適合水中生活的特殊構造。

睡著了嗎？我幫你拿被子來了。

動物為什麼長尾巴？

Why?

小嵐家的貓咪靈活又輕巧地跳上了櫃子。
哇！小貓咪好厲害，可以跳上比牠還高的櫃子卻不會跌倒。
這是因為尾巴的幫忙，貓咪才可以維持良好的平衡感喔。
尾巴跟平衡感有什麼關係呢？
貓咪的尾巴就像馬戲團走鋼絲特技員用的平衡桿，可以讓貓咪隨時跳來跳去保持平衡。
沒想到貓咪的尾巴還有這種功用呢！

知識補給站

大自然當中許多動物都有尾巴，功能也都不大相同。貓咪的尾巴可以使牠平衡感十足；猴子的尾巴可以讓牠靈巧的掛在樹上不會掉下來；魚兒的尾鰭可以讓牠在水中優游自在。

學習小天地

小朋友知道嗎？不是只有動物有尾巴喔！我們常常會看到的飛機，機身上也有類似尾巴的構造，我們把它叫做「尾翼」。和動物一樣，尾翼可以讓飛機在空中平衡，看來大自然的智慧也為人類的科技發展帶來許多啟示呢！

學習目標 動物的構造與功能。
三、四年級 描述陸生及水生動物的形態及其運動方式，並知道水生動物具有適合水中生活的特殊構造。

為什麼五色鳥又叫做花和尚呢？ Why? ？．？

那隻小鳥好漂亮喔！是什麼鳥呢？

扣扣

那是五色鳥，身上有五種顏色，身體大部分是綠色，頭跟喉嚨是黃色，嘴巴是黑色，眼睛附近和靠近胸的地方帶點橘紅色，臉是藍色；也有人叫牠花和尚喔！

因為牠的叫聲跟和尚敲木魚的聲音很像，加上牠花花綠綠的顏色，所以被叫花和尚！

花和尚？
花和尚？
？ ？ ？

扣～扣～

五色鳥的身體主要是綠色，所以在樹林裡不容易被發現。牠們喜歡在枯掉的樹幹上啄洞築巢，還懂得選擇不會被陽光直接照射、雨天不會淹水的地方來築巢，是不是很聰明呢？

學習小天地

五色鳥跟啄木鳥主要不同的地方在於：啄木鳥大多在樹幹裡面找食物，而五色鳥是雜食性，吃的東西種類很多。例如：木瓜成熟的時候，常能看到五色鳥在木瓜樹上吃得津津有味，所以牠另外一個綽號就是「木瓜鳥」。

好像喔！

學習目標　動物的構造與功能。
三、四年級　描述陸生及水生動物的形態及其運動方式，並知道水生動物具有適合水中生活的特殊構造。

為什麼蝸牛要背著殼走？

下過雨後，常在路邊看到背著大殼的蝸牛爬呀爬呀的，不管往哪邊爬牠們的速度都好慢好慢，連螞蟻都走得比牠們快呢！小朋友們知道為什麼蝸牛要背著那麼大的殼到處走嗎？如果把殼拿掉，牠們會不會爬得快一點呢？

蝸牛一生下來就有殼了，硬殼是蝸牛非常重要的構造，可以保護蝸牛柔軟的身體，避免水分散失，而且也是牠們遮風避雨的好地方；對蝸牛來說，殼就等於牠們的房子，當然要隨時把殼背著

知識補給站

大部分的蝸牛殼是用螺旋形的方式生長，一層一層地增加。在蝸牛的成長過程中，不同時期殼的生長速度也不同；每種蝸牛都有自己特定的殼，所以我們能依照不同的殼來分類、分辨不同的蝸牛。

走！失去殼的蝸牛，用不了多久身體就會乾燥僵硬，或被其他動物攻擊死亡。蝸牛的殼會隨著身體一起長大、變得堅硬，要是不小心撞破了，只要範圍不大，蝸牛的身體會自行分泌物質來修補；但如果破洞太大，蝸牛還是會死掉的！

學習小天地

蝸牛沒有耳朵，聽不見聲音，牠們是利用身體對周遭地面震動的輕重大小，判斷附近物體的移動；另外，蝸牛的視力也不是很好，牠們只能大概看出前方有沒有東西擋住，或是分辨明亮與黑暗。

學習目標 動物的構造與功能。
三、四年級 描述陸生及水生動物的形態及其運動方式，並知道水生動物具有適合水中生活的特殊構造。

河馬 為什麼 喜歡泡在水裡？

　　逛動物園時，會看到河馬們喜歡聚在一起，悠哉地泡在水裡休息，看起來好舒服喔！小朋友你知道河馬為什麼要一直泡在水裡嗎？而這麼長時間泡在水裡，也不會一不小心睡著就溺水呢？

　　其實河馬泡在水裡可以減少皮膚被晒傷導致乾裂的問題，在水裡也能避免被陸地上的獵食動物攻擊，比較安全。而河馬長

知識補給站

　　河馬體型龐大，有些大河馬的體重甚至可能高達好幾百公斤，因此平時牠們在陸地上行走的速度不快，看起來很笨拙；不過當河馬遇到危險，或是小河馬需要保護時，牠們全力跑起來的速度還是很快，而且會把獵食動物們給趕跑喔！

時間泡在水裡，還是會露出鼻孔在水面上呼吸；眼、耳、鼻也都有特殊的方式隔絕水分，所以不會溺水，這就是河馬泡水不容易溺水的妙方。

學習小天地

在非洲的大河裡，常可以看見河馬跟鱷魚各占據一邊，通常牠們都會安分地待在自己的區域，不會互相攻擊；主要是因為牠們彼此很清楚，以牠們龐大的身形與力氣，攻擊後的下場通常死傷慘重，因此為了保命，雙方會盡力維持和平。

你再靠過來，我就要咬你！

學習目標　動物的構造與功能。
三、四年級 描述陸生及水生動物的形態及其運動方式，並知道水生動物具有適合水中生活的特殊構造。

動物運動大會

姓名：_____

一年一度的動物運動大會即將來臨！但是有些動物們不知道應該參加哪項比賽，小朋友們，可以幫牠們報名嗎？

1　馬

2　狗

3　烏鴉

4　鯨魚

5　鯊魚

6　五色鳥

游泳：_____

賽跑：_____

飛行：_____

我學到了什麼：_____

動物特徵比一比

姓名：＿＿＿＿＿＿＿＿＿＿

小朋友，你知道以下動物的特徵有什麼不同嗎？請將編號寫在空格中。

① 河馬　　② 大象 　　③ 螃蟹 　　④ 鯨魚

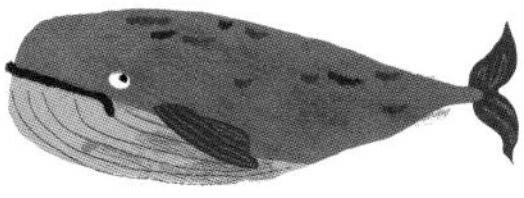

⑤ 鴨子 　　⑥ 烏鴉 　　⑦ 魚 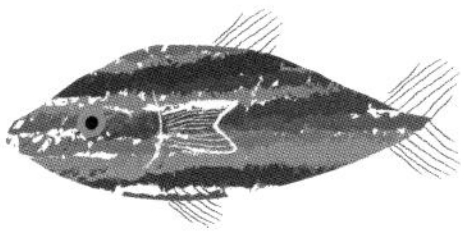　　⑧ 啄木鳥

動物的特徵	符合特徵的動物
有2隻腳	
有4隻腳	
有8隻腳	
有翅膀	
有鰭	

我學到了什麼：＿＿＿＿＿＿＿＿＿＿＿＿＿

動物運動大會解答

一年一度的動物運動大會即將來臨！但是有些動物們不知道應該參加哪項比賽，小朋友們，可以幫牠們報名嗎？

游泳：④⑤

賽跑：①②

飛行：③⑥

動物特徵比一比解答

小朋友，你知道以下動物的特徵有什麼不同嗎？請將編號寫在空格中。

1 河馬	2 大象	3 螃蟹	4 鯨魚
5 鴨子	6 烏鴉	7 魚	8 啄木鳥

動物的特徵	符合特徵的動物
有2隻腳	⑤ ⑥ ⑧
有4隻腳	① ②
有8隻腳	③
有翅膀	⑤ ⑥ ⑧
有鰭	④ ⑦

國家圖書館出版品預行編目資料

頑皮動物的奇妙世界／學習樹研究發展總
部作. --二版.--臺北市：五南圖書出版股份
有限公司, 2023.10
　　面；　公分
　ISBN 978-626-366-697-9（平裝）

1.CST: 動物學　2.CST: 小學教學

523.36　　　　　　　　　112016888

YC46

頑皮動物的奇妙世界

作　　　者 ― 學習樹研究發展總部

發 行 人 ― 楊榮川

總 經 理 ― 楊士清

總 編 輯 ― 楊秀麗

副總編輯 ― 王正華

執行編輯 ― 張維文

封面設計 ― 陳亭瑋

美術設計 ― 小比工作室

圖片來源 ― IDJ圖庫

出 版 者 ― 五南圖書出版股份有限公司

地　　　址：106台北市大安區和平東路二段339號4樓

電　　　話：(02)2705-5066　　傳　真：(02)2706-6100

網　　　址：https://www.wunan.com.tw

電子郵件：wunan@wunan.com.tw

劃撥帳號：01068953

戶　　　名：五南圖書出版股份有限公司

法律顧問　林勝安律師

出版日期　2016年 3 月初版一刷
　　　　　2023年10月二版一刷

定　　　價　新臺幣250元

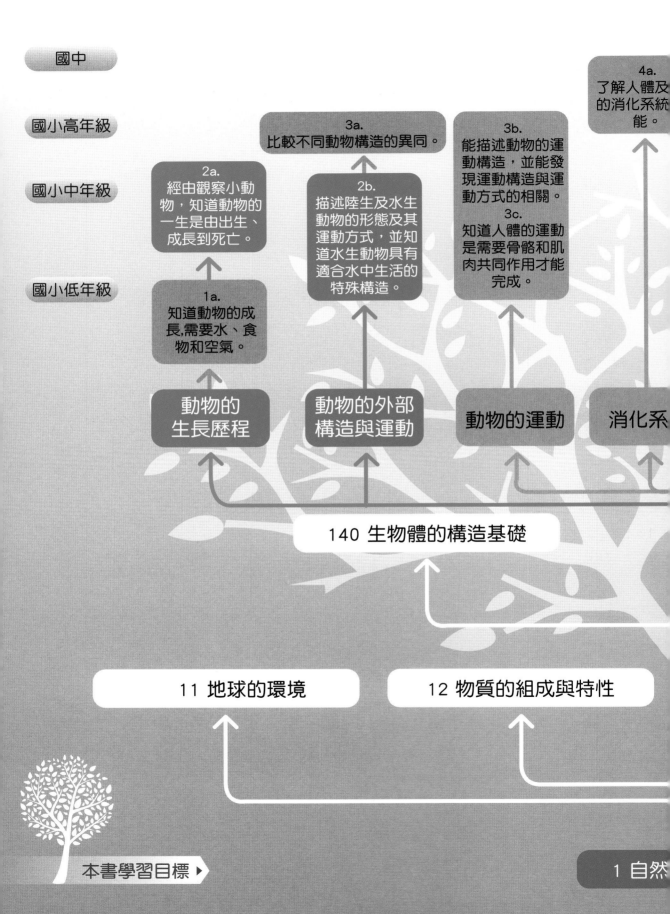

國中

國小高年級

國小中年級

國小低年級

4a.
了解人體及
的消化系統
能。

3a.
比較不同動物構造的異同。

3b.
能描述動物的運
動構造，並能發
現運動構造與運
動方式的相關。

3c.
知道人體的運動
是需要骨骼和肌
肉共同作用才能
完成。

2a.
經由觀察小動
物，知道動物的
一生是由出生、
成長到死亡。

2b.
描述陸生及水生
動物的形態及其
運動方式，並知
道水生動物具有
適合水中生活的
特殊構造。

1a.
知道動物的成
長,需要水、食
物和空氣。

動物的
生長歷程

動物的外部
構造與運動

動物的運動

消化系

140 生物體的構造基礎

11 地球的環境

12 物質的組成與特性

本書學習目標 ▶

1 自然

4b.
了解人體及動物的循環系統及功能。

4c.
了解人體的呼吸系統。

4d.
了解人體的排泄系統及功能。

4e.
了解人體的生殖器官及功能。

循環系統

呼吸系統

排泄系統

生殖系統

141 植物的構造與功能

142 動物的構造與功能

13 地球上的生物

14 生物的構造與功能

與特性